Dietmar R. Horbach

zum Trost
und zur
Freude

Glaubensbezogene Gedichte
eines bekennenden Christen

Herstellung und Verlag: Book on Demand GmbH, Norderstedt

ISBN 978-3-8370-2331-2

Gedanken über das Leben

Liebe Leserin, lieber Leser!

Die Welt, in der wir leben, ist sehr vielfältig,
doch manchmal gleich im Empfinden dessen, was
jeder einzelne Mensch durchlebt. Er erlebt es in
seinem eigenen persönlichen Bewusstsein und
denkt manchmal gar nicht daran, dass die
Mitmenschen, die ihn umgeben, gleiches oder
ähnliches durchleben, es aber nicht zum Trost
oder zur Freude des Anderen mitteilen.

Wie viel Leid gibt es auf dieser Erde, und so
wenig Trost ist manchmal da, um die Wunden,
die uns Leid und Schmerz zufügen, zu lindern
und zu heilen.
Aber auch wie viel Freude und Glück gibt es um
uns herum; und wie wenig Dankbarkeit ist oft
vorhanden, die den Geber der Freude und des
Glückes veranlasst, in seinem Tun fortzufahren.

Für mich ist diese Welt mit all ihren Höhen und
Tiefen nur in Ordnung, wenn auch der in mein
Leben gehört, der sie gemacht hat. Der große,
heilige, all ewige und allmächtige dreieinige Gott.
Erst durch ihn und mit ihm erhält unser Umfeld
ein harmonisches Bild, dass trotz aller
Widerwärtigkeit, trotz aller Finsternis im
menschlichen Dasein, Licht und Fülle und Glanz
hereinbringt, welches uns mutig vorwärts
schreiten lässt. Es veranlasst uns, seine Nähe zu
suchen und zu finden, und ihn den großen
wunderbaren Gott zu erfühlen, zu erleben und zu
genießen.

Aus diesem, meinem neuapostolischen Glauben heraus sind diese Gedichte entstanden. Nach langem Zögern habe ich mich entschieden, sie zu veröffentlichen, um anderen Menschen, die ähnliches oder gleiches empfinden, Trost in Tagen der Sorge, der Ängste und Schmerzen zu vermitteln; und Freude und Dankbarkeit entzünden zu lassen, wo Tage des Glückes und der Freude uns froh machen und dem Geber aller guten Gaben Dank gebührt.

Mir ist es aber auch wichtig, Nachdenklichkeit zu schaffen bei Menschen, die sich darüber noch nie Gedanken gemacht haben. Gibt es einen Gott? Wo kommen wir her und wo gehen wir hin? Werden wir Rechenschaft abgeben müssen, wenn wir diese Erde verlassen?

Gott ist Liebe und aus dieser Liebe heraus hat er nie aufgehört, sich den Menschen zu widmen und ihnen zu dem zu verhelfen, was sie immer sein sollten: Seine Krone der Schöpfung. Das ist seine frohe Botschaft, sein Evangelium.

Bremen, 08. September 2007

Dietmar R. Horbach

Gedichte mit biblischer Grundlage

Abrahams Glaubensprüfung
(Er soll seinen Sohn Isaak opfern)

Vorm Zelt sitzt Abraham des Nachts, den Blick empor zum
Firmament gerichtet;
Trilliarden Sterne blinken hell am Himmelszelt, bekunden
ihm des Schöpfers Macht.
Tief hat er sich gebeugt, als Gottes Ruf ihn hat in seiner
Heimatstadt gesichtet,
und ihm befahl, zu ziehen hin in ein wunderbares Land, das
Er sich auserdacht.
Gedankenvoll, vom Tagesmarsch erschöpft, streckt er die
müden Glieder;
als plötzlich eine Stimme wohlklingend seinen Namen ruft,
er hört sie immer wieder.

"Hier bin ich, Herr," gibt er die Antwort als der Ruf das
dritte Mal verklungen,
die Müdigkeit verflogen, ist wach sein Geist, und
angespannt lauscht er hinauf.
"Nimm Isaak, den Sohn, so ist die Stimme Gottes in sein
Herz gedrungen,
den du so liebst, zu opfern mir, dem Herrn und mache früh
dich auf.
Zieh in das Land Morija, auf einen Berg, den ich dir zeigen
werde."
Und Abraham schweigt stumm, und tief betroffen neigt er
seinen Blick zur Erde.

Am anderen Morgen noch benommen von der Botschaft
rauem Klang,
bekundet er den Seinen Gottes Willen und gebietet alles zu
bereiten.
Der Esel wird beladen und Abraham schlägt doch das Herz
ein wenig bang,
als los sie ziehen mit Isaak und zwei von seinen Knechten
ihn begleiten.

Im Ohr klingt ihm noch Sarahs Wort: Bring' mir den
Jungen mit zurück,
wenn nicht, dann schwindet mir für immer meines Lebens
Glück.

So zieh'n sie schweigend durch die Landschaft, doch hat
Abraham keinen Blick dafür,
sein Kopf ist schwer und vieles an Gedankengut betrübet
seinen Sinn.
Hat Gott der Herr tatsächlich Wohlgefallen an dem Tod des
jungen Knaben hier?
Das Kinderblut er fordert wie die toten Götzen and'rer
Völker als Gewinn?
So quälen unbarmherzig ihn die Fragen, und je weiter sie
sich nähern diesem Ort,
wird schwer der Schritt und in seinem Herzen brennet heiß
des Herren Wort.

Vielleicht will Gott mir die Verheißung kündigen und
fordert nun das Kind zurück?
Doch schnell verwirft er diesen Anflug und ringt innig im
Gebet um Kraft,
Vielleicht will Gott mir seine Allmacht zeigen und erfüllt
mein Glück,
dass nach dem Tod des Jungen er dann neues Leben in ihm
schafft?
So ringt sein Geist nachts ruhelos, und sein Verstand sucht
laufend nach Erklärung,
bis alle Zweifel kämpfend er besiegen kann; erhält er
endlich die Bewährung.

Am dritten Tag hebt Abraham die Augen auf und sieht die
Opferstatt von fern;
"Bleibt mit dem Esel hier," gebietet er den Knechten, wir
gehen nun allein,
hinauf, um anzubeten und das Opfer darzubringen und den
Herrn zu hör'n,

so hat's der Herr befohlen und nach seinem Willen soll es
sein.
Der Knabe trägt das Holz fürs Feuer und er schreitet munter
vor sich hin.
der Vater nimmt das Feuer und das Opfermesser, Klarheit
leuchtet nun in seinem Sinn.

Und wie die Beiden schweigend weiter wandern, blickt der
Knabe fragend auf,
"Du Vater," will er wissen und das Herz des Vaters pocht
mit Macht.
"Wir tragen alle Opfersachen, die wir brauchen zu dem Berg
hinauf,
doch wo ist das Schaf zu opfern, wie hast du, Vater, dieses
nur bedacht?"
"Das Schaf zum Opfer, lieber Sohn, das wird der Herr uns
oben geben,"
spricht Abraham und weint im Herzen um das junge Leben.

Dort angekommen, bauen sie zunächst fürs Opfer aus
bloßen Steinen den Altar,
dann legt der Vater Holz darauf und schaut dem Jungen
ernst ins Angesicht.
Und als er bindet ihm die Füß' und Hände nun, erkennt der
Junge die Gefahr,
dass er als Opferlamm ersehen ist, vor Angst ihm fast das
Herze bricht;
doch ruhig spricht sein Vater nun von Gottes heil'gem
Willen,
und dem Gehorsam, dass er müsst das Opfer, das Gott
fordert, nun erfüllen.

„Du hast bewiesen, dass dein Glaube stark und deine Liebe
groß,
dass deinen Gott du fürchtest und hättest deines Sohnes
nicht verschont.
Durch dich, da will ich wenden dieser Menschheit bitteres
Los,

denn ich will dich segnen und dein starker Glaube wird von mir belohnt.
Wie Sand am Meer und wie die Sterne unzählig viel am Himmel blinken,
sollen die Geschlechter aus dir kommen und von meiner Gnade trinken."

Ein Blöken hinter ihm lässt Abraham erkennen, dass der Herr gesprochen,
ein Widder im Gebüsch verfangen, wird als Opfertier geschlachtet.
Und Abraham weiht diesen Ort, weil Gott doch ihn gesehen und zu ihm gesprochen,
da dieser seinen Glauben und Gehorsam hat so wunderbar beachtet.
Um ein Erlebnis reicher ziehen beide wieder hin zu Abrahams Knechten,
mit Freuden sie von diesem Gotterleben nun berichten.

Jahrtausende später, als von Abrahams Prüfung in den Schriften ist zu lesen,
hat Gott als Vater selbst den Menschen seine ganze Liebe dargebracht,
als Jesus Christus, Gottes Sohn, auf Erden ist für uns gewesen,
und im Gehorsam einst wie Abraham, das eig'ne Leben ganz aus seiner Macht
für alle Menschen hat im Willen Gottes als Opfer sich für uns Sünder dargegeben,
erwarb ein Sühnemittel er, damit sie alle können nun für ewig leben.

02. Juli 2000

Auf dem Weg nach Emmaus

Drei Tage nach dem Tode ihres Meisters, befanden
sich zwei Jünger auf dem Weg.
Nach Emmaus die Schritte sie richten, mit Staub
bedeckt ihr Fuß folgt dunklem Steg.
Nur ein Gedanke beseelt ihr Herz, und Worte
dringen stockend, zweifelnd aus ihrem Mund;
Vom Tode auferstanden soll er sein, ihr Meister,
so machten es die ander'n Jünger kund.
Doch Zweifel an der Wahrheit dieser Kunde ließ
sie diesen Weg nach Emmaus nun gehen,
sie konnten es beim besten Willen mit ihren
Fähigkeiten und Glauben nicht verstehen.

Vertieft in ihren Reden merkten sie kaum, dass ein
Fremder sich ihnen zugesellte.
Als er sie fragte, was Befremdliches sie reden, war
Kleophas es, der sich vor ihn stellte.
Traurig er sprach: Bist du der Einzige in Jerusalem,
der nicht weiß, was geschah?
So sprach von den Wundern er, die Jesus getan hat,
die niemand vorher sah.
Doch unsere Rabbis und Ältesten haben ihn töten
lassen am Kreuz, wo er qualvoll starb.
Und wir hofften, dass er für uns die Freiheit von den
Römern von Gott erwarb.

Schon drei Tage ist er tot, und heute zwei Frauen an
sein Grab mit Salböl eilten;
Dieses war offen, und zwei Männer in weißen
Kleidern darinnen verweilten.
Die sprachen von Auferstehung und Sieg über die
Hölle, den Christus als König erlangte.
Wir waren sprachlos über diese Kunde und einige von
uns zum Grabe sich wandten.
Und entsetzt sie fanden das Grab leer, wie die Frauen
es hatten uns allen berichtet.

Doch unser Heiland war verschwunden und niemand
hatte ihn bis heute gesichtet.

Sie gingen nun weiter, gen Emmaus hin, und Jesus,
den die beiden nicht erkannten,
verwies auf die Schrift und öffnete das Verständnis
ihnen, was sie noch nicht kannten.
Er gab Kunde von Mose und den Propheten, was
geschrieben stand von Jesus Christ;
dass er der Erlöser und Heiland nicht nur der Juden,
sondern aller Menschen ist.
Sie hörten und begriffen und waren verwundert, ob all
der wunderbaren Dinge,
die Jesus berichtete, dass er von Gott gesandt und die
Finsternis und Sünde bezwinge.

Schon war der Weg zurückgelegt, und das Dörfchen
Emmaus konnten sie erkennen.
Der Fremde wandte sich, als wollt' er scheiden und
sich von den Männern trennen.
Da baten sie ihn: Herr, geh nicht fort, denn es will
Abend werden; bleib doch zur Nacht.
Er ging mit ihnen in ihr Haus und setzte sich nach
Brauch und Sitte, wie er's oft gemacht.
Beim Abendmahl nahm er das Brot, dankte Gott mit
Freuden und ward' hinweg genommen.
Die Jünger starrten auf den leeren Platz und Tränen
nun in ihren Augen glommen.

Er war es, riefen sie entzückt und sprangen auf; ja
welch ein Wunder haben wir geseh'n.
Brannte nicht das Herz uns, als er aufgeschlossen hat
die Schrift, dass wir sie auch versteh'n?
Sie ließen alles liegen und brachen sobald auf, zurück
zu gehen zu der Jünger Schar.
Der Weg war halb so lang, weil Glückseligkeit sie
füllte, wie groß doch dieses Wunder war.

Und als sie traten ein, ins Haus der Jünger, da hörten
sie, der Herr ist auferstanden!
Er ist erschienen Petrus und sie bezeugten , dass sie
auch den wahren Christus fanden.

So hat die Kunde sich all die Zeit erhalten, in
manchen Herzen liegt ein brennend Feuer
der Liebe Gottes im Erkennen seiner Gnade und des
Opfers, dass der Herr so teuer;
bezahlt für dich und mich. Lasst uns verstehen, wie
die Jünger aus Emmaus getan,
zu suchen seine Nähe und trennen sich von allem
Unverständnis und falschem Wahn.
Wie Petrus sagte: Es ist nur Heil in Jesus Christ –
durch ihn allein gerettet werden kann,
die Menschheit, jeder Kleine und Große, jedes Kind
und jede Frau und jeder Mann.

09.02.2009

Daniel in der Löwengrube

Im Lande Persien, zu König Darius' Regierungszeit,
lebt Daniel, der Mann aus Israel, in großer Pracht.
Um all die Völker zu regieren weit und breit,
hat Darius ihn zum Bevollmächtigten gemacht;
zu prüfen der Statthalter stolzes Regieren,
das Reich zu festigen und des Königs Ehre zu mehren.

Gott hat ihn ausgestattet mit Weisheit und Geschick.
Der König plant, ihn zum Fürsten zu erheben;
denn er sieht unter Daniels Händen wächst das Glück,
da ihm sein Gott reiche Hilfe gegeben.
Doch Neid und Habgier ergreift des Königs
Potentaten,
sie suchen nach Gründen, um Daniel zu verraten.

Und da sie nichts finden, außer seinem Gebet,
geht ihr Trachten und Sinnen ihn darin zu fangen.
Wie gerne Daniel dreimal nach Jerusalem fleht,
um Gott zu erheben, das ist sein Verlangen.
Den König bedrängen sie mit einem neuen Gesetz,
um Daniel zu fällen im teuflischen Netz.

So soll es geschehen, wer in Zukunft erfleht
an dreißig Tagen, außer nach des Königs Willen;
dessen Leben dann plötzlich zu Ende geht,
seine Gebeine den Rachen der Löwen dann füllen.
D'rum jeder in des Königs Provinzen gehorcht diesem
Rat;
nur Daniel weiß nichts von so einer Tat.

Er beugt seine Knie wie immer vor Gott,
und erfleht im Gebet dessen Segen.
Noch ahnt er nichts von der kommenden Not,
und die Bande, in welche die Häscher ihn legen.
Sie stürzen in sein Zimmer, begierig und wild;

um zu sehen, wie Daniel seines Herzens Sehnsucht
stillt.

Rasch ergreifen sie Daniel mit gieriger List,
und zerren gewaltsam ihn vor des Königs Thron.
Sie klagen ihn an, weil er der Mann ist,
der des Königs Gebot verletzt hat voll Hohn.
Der König ist betrübt, denn er liebt Daniel sehr,
doch Daniel muss zu den Löwen, auch wenn's ihm
fällt schwer.

Die Häscher zerren voll Hohn und voll Spott
zur Löwengrube den Braven, und stürzen ihn hinein.
Und glauben vorbei ist nun all ihre Not,
denn Daniel wird nie mehr des Königs Fürst sein.
Der König trauert, kein Jubel und Tanz ihn erfreut,
er schläft nicht in der Nacht, da sein Handeln ihn reut.

Am Morgen eilt er voll Angst hin zur Grube,
und ruft schon von Weiten: Daniel lebst du noch?
Hat dein Gott dich errettet, dass auch ich ihn lobe,
und du erlöst wirst aus dem finsteren Loch.
„Mein König", ruft dieser; so wahr der Herr regiert,
er hat mich errettet und aus dem Elend geführt."

So froh ist der König, dass Daniel noch lebt,
er befiehlt, ihn aus der Grube zu befrei'n.
Doch zornig wird er, dass die Stimme erbebt,
das müssen die Übeltäter nun mit dem Tode bereu'n.
Samt Frauen und Kindern lässt er diese Buben
nun stürzen wie Daniel in der Löwen Gruben.

Die Tiere zermalmen nun auf der Stelle
die Menschen, kaum fallen sie auf den Grund.
Ihre Schreie ertönen grausam und helle,
gesühnt ist der Verrat noch zur selbigen Stund.
Der König erhebt Daniels einzigen Gott,
der errettet und hilft aus jeglicher Not.

So kündigt sein Befehl laut in allen Landen
„Nun fürchtet euch und erzittert vor Daniels Gott."
Mit seiner Hilfe wird niemand zu Schanden,
er half Daniel von der Übeltäter Komplott.
Seine Macht ist auf Erden und im Himmel zu sehen,
Darum, ihr Völker, nur zu ihm dürft ihr flehen.

So endet für uns des Daniels Geschichte
von Habgier und Neid wie es damals geschah.
Und es stände uns Menschen sehr wohl zu Gesichte,
nähmen wir diesen Gott Daniels auch heute noch
wahr.
Ja, zu ihm zu beten und in Verbindung zu steh'n,
macht für einen jeden das Leben auch heute noch
schön.

15. Apr. 2008

David und Batseba
Des Königs Fehltritt

Im Frühling war's, die ersten Blüten zeigten sich in
ihrer Pracht,
als David, der König Israels, zur Mittagsruh´ sich
aufgemacht.
Derweil stritt Joab, des Königs Feldherr, gegen der
Ammoniter Heer;
die Streitmacht Israels focht´ nun mit aller Macht vor
Rabba schwer.
Am Nachmittag der König ging auf des Palastes Dach
spazieren,
erblickt' eine schöne Frau, die badete auf ihrem Dach,
ohn' sich zu genieren.

Entzückt konnte David sein Auge von dieser schönen
Frau nicht wenden,
schnell ließ er von den Dienern einen zum Hause der
Schönen senden;
um zu erkunden, wer die Schöne war, und zu welcher
Familie sie gehörte.
„Es ist Batseba, die Tochter Eliams und Frau des
Hethiters Uria", er schwörte.
Da ließ der König David die Schöne in seinen großen
Palast geleiten,
erst an den Speisen, dann aneinander sie sich in
Davids Bett erfreuten.

Doch kurz danach, da wurd' dem König durch
Batsebas Zofe kund,
welch' große Folgen das Rendezvous ergab, hört' er
durch ihren Mund.
Gar schwanger war die Schöne, und bald konnt' sie es
nicht mehr verbergen;
Da handelte der König David und rief einen seiner
tapf'ren Schergen.

„Schick mir Uria, den Hethiter, g'rad aus des
Kampfes heißer Linie",
so sprach der König und ruhte sich aus unter dem
Schatten einer Pinie.

Uria bald erschien und gab dem König David vom
Heere kurz Bericht,
doch interessierte diesen die Kunde über Tod und
Elend nicht.
Sein Plan war, Uria zurück zu seiner schönen,
schwang'ren Frau zu senden,
damit sich dieser würde, nach all dem Kampf, zu ihr
in Liebe wenden;
doch Uria, durchdrungen von Treue zu Israels
kämpfenden Helden,
ließ seine Ankunft nicht bei seiner Frau im Hause
melden.

Er schlief am Eingang des Palastes bei Davids
königstreuen Mannen,
frisch ausgeruht erhob er sich und wollte ziehen
schnell von dannen;
Der König sah ihn und rief den tapferen Krieger zu
sich heran:
„Warum schliefst du nicht in deinem Hause, mein
lieber Mann?"
„Wie kann ich ruh'n und selig fühlen mich in meiner
Liebsten weichen Armen,
wenn Joab und die Recken auf dem off'nen Felde
liegen, ohn' Erbarmen?"

Selbst durch des Weines Rausch, den Uria beim Mahl
mit David erlangte,
blieb er auch dieses Mal im Palast, obwohl der König
darum bangte.
So sandte er Uria des anderen Tags zurück zum Heer
mit einem Schreiben,

denn länger sollte dieser im Palast auch nicht mehr bleiben.

„Schick Uria dorthin, wo der Kampf bricht aus mit aller Macht,
und zieht euch dann zurück, bis schnell der Tod mit Uria ein Ende macht."

So lautete die Botschaft, die der König sandte zu Joab, seinem General;
und so geschah es dann, als die Schlacht tobte zum anderen Mal.
Des Urias Tod ward dem König auf schnellem Wege kundgegeben;
so endete voll Schmach und Schande des jungen Kriegers Leben.
Die junge Witwe trauerte so lang', wie's im Gesetz beschrieben,
dann zog sie ein in Davids Haus, um ihn als seine Frau zu lieben.

Gar bald war auch das Kind, mit dem sie schwanger war, geboren;
und Nathan, dem Propheten, kam die Kunde auch zu Ohren.
Denn Gott, der Herr, war zornig über Davids Handeln;
so durfte dieser König vor seinem Volk nicht wandeln.
„Geh' hin", befahl er dem Propheten, „und sage diesem Mann,
dass ohne eine Strafe er dieses Mal nicht weitermachen kann."

So schilderte Nathan durch ein Gleichnis dem König dessen Freveltat,
ein reicher Mann dem armen Bauern sein einzig' Schaf genommen hat.
„Er soll des Todes sein", rief David zornig, er wollte wissen, wer es war;

„Du bist der Mann", schalt des Propheten Mund – nun
wurd' ihm alles klar.
„Was im Geheimen du getrieben, vergilt der Herr dir
nun ganz offen,
das Kind wird sterben – und auf Gnade kannst du jetzt
nicht hoffen.

Doch David fastete und rang um Hilfe inbrünstig im
Gebet,
das Kind erkrankte schwer und starb, die Hilfe kam zu
spät.
Die Diener flüsterten und wollten es lang nicht wagen;
den Tod des Kindes dem seufzenden König
anzusagen.
Nachdem er's hörte, ging er hin, um Trost Batseba
nun zu geben;
Gott schenkte später dann mit Salomo dem Paar ein
neues Leben.

16. Oktober 2009

Der verlorene Sohn

Es begab sich, dass erneut viel Volk erschien,
um den zu hören, der so große Wunder tat
im ganzen Land, so dass man suchte ihn
mit seinen Jüngern in jedem Ort, auf jedem Pfad.

Nun war er hier, den seine Jünger Meister nannten;
und lehrte sie mit liebem Blick und klarem Wort,
dass allen je nach ihrer Last die Herzen brannten,
oder Seligkeit zog ein durch Jesu Wort.

Die Jünger schauten freudig, fragend und ein wenig
stolz;
den Sündern brach hervor aus tiefer Reu' die Zähre.
Doch nur die Pharisäer waren stets aus hartem Holz,
und fühlten sich gekränkt in ihrer Ehre.

Ja, auch die Zöllner sah der Herr voll Reue steh'n.
So brachte er hervor aus seinem großen Schatz
ein Gleichnis, dass sie sollten ihn versteh'n;
und er begann dazu mit jenem Satz:

Ein Mensch, der einst zwei Söhne hatte,
die seines Herzens Freude war'n und Trost fürs Alter
sollten sein;
zu dem kam einst der jüngste Sohn und sprach:
Gestatte
dass ich das Erbe nehme, welches ist doch mein!

Der Vater schaute tief bekümmert auf ihn nieder,
und sprach zu ihm: Mein lieber Sohn,
wenn morgen kehrt der Sonne Licht uns wieder,
hast du von meinem Gut das Erbe schon.

Doch nicht genug, sein Erbe zu erhalten,
betrübt der jüngste Sohn den Vater nun erneut.

Wie grausig ist oftmals des Schicksals Walten;
ihn zieht's hinaus, ohn' dass es ihn gereut.

Mit seinem Erbteil will er in die Ferne,
um Land und Leute und so manches Lockende zu
seh'n.
Aus seinem Vaterhause zieht er darum gerne,
um frohen Mutes in die Welt hinaus zu geh'n.

Nicht lang danach, sieht man ihn voll Vergnügen
mit fremden Menschen, die stets um ihn sind.
Er schwelgt, so viel er nur davon kann kriegen;
die Lust der Sünde nun in seinen Adern rinnt.

Er liebt die Freunde, die sich um ihn drängen,
um als Schmarotzer ihn jetzt um sein Gut zu prellen.
So manche Nacht mit Scherzen und mit Sängen
wird durchgemacht, bis morgens laut die Hunde
bellen.

Er fühlt sich frei nun, ohne jeden Zwang
kann er doch schalten, ohne dass sein Vater mahnt.
Ja, manchmal wird es ihm ein wenig bang,
wenn er die Folgen seines Tun's im Rausche ahnt.

Es warnt so mancher voller Mitleid vor seinem
Prassen:
Halt ein! Bedenk', wie schnell ist's damit aus.
Dann schreit er lallend: „Die sollen mich in Ruhe
lassen;
vielleicht bin ich ja bald im Armenhaus."

So kommt, was kommen musste, ohne Frage,
das Erbe war sehr schnell verjubelt und verprasst.
Nun war der Sohn in einer schlimmen Lage,
die einst ihn liebten, von denen ward' er nun gehasst.

Er schrie sie an und schluchzte um Erbarmen:
O, helft mir doch und lasst mich nicht allein.
Doch seine Freunde spuckten auf den Armen
und gossen über ihn ein Glas mit Wein.

Doch sollt' es schlimmer kommen als er je es dachte.
Denn in dem Land, in dem er sich befand
eine Teuerung bald von sich reden machte,
dass auch die Not ihn als ihr Kind erkannt.

Nun lief er hierhin, dorthin, klopfte oft
an viele Türen, die ihm nun verschlossen.
Hat bettelnd stets um Almosen gehofft,
und sich geekelt, so sehr war er verdrossen.

Wie schlimm das Schicksal sich verschworen;
fast war dem Tod er nah, doch hat sich dann
geöffnet eines von den Toren;
vor ihm stand überrascht ein edler Mann.

Zu dessen Füßen ringt und fleht er nun um Gnade,
und um ein Stückchen Brot, den Hunger kaum zu
stillen.
Du kannst die Schweine hüten, wenn's dir nicht zu
schade,
antwortet jener Mann und bist du mir zu Willen

sollst du in dieser wahrhaft teuren Zeit,
dich nicht um Nahrung mehr beklagen.
Der Sohn war gleich zu diesem Dienst bereit,
das Schweinehüten auf dem Acker nun zu wagen.

Bald sieht man ihn tagaus, tagein; der Dienst wird ihm
sehr schwer.
Der Hunger quälte ihn erneut mit Macht;
zu stillen den, war einzig sein Begehr;
mit Schweinetrebern hatte er sich's ausgedacht.

Doch auch dieses ward' ihm nicht gegeben.
So schaute er nach langer schlimmer Pein,
rückschauend auf sein verpfuschtes Leben
endlich reuig in sein Herz hinein.

Er dachte sehnend an das Elternhaus,
wie gut es ihm dort allzeit war ergangen.
Aus seiner Seele brach's nun frei heraus:
Ich will ein neues Leben nun anfangen.

Zum Vater werd' ich mich aufmachen,
ihm beichten, dass ich hab' so sehr gefehlt;
und hoffen, dass er wird mich nicht verlachen,
als Tagelöhner er mich wohl in seine Dienste stellt.

So will ich's sagen ihm, ja unter Tränen
um Gnade bitten will ich inniglich.
Nur wieder bei ihm sein, das ist mein Sehnen;
gleich morgen auf den Weg ich mache mich.

Nachmittag ist's, zur neunten Stunde
ein Mann auf seinem Söller steht.
Sehnsüchtig blickt er in die Runde;
ist da nicht ein Punkt, der sich bewegt?

Die Luft, sie flimmert arg vor Hitze,
ihm ist's als hätt' er sich geirrt.
Doch talwärts von des Berges Spitze,
da kommt doch wer, nun ist er ganz verwirrt.

Vom Söller eilt er nieder auf die Gasse,
in seinem Herzen sich die Hoffnung regt;
ist es mein lieber Sohn, o, dass ich kaum es fasse,
ein freud'ges Ahnen sich auf seine Seele legt.

Herr, so betet er, lass es doch sein,
du kennst die Tränen, kennst die Stunden;
wo ich gesorgt hab, um den Jüngsten mein;
wo schmerzten mich des Herzens Wunden.

Käm' er doch wieder, hab' ich oft geklagt,
nun fühl' ich fast, es ist soweit.
Und als zur nächsten Biegung er sich wagt,
erkennt er seinen Sohn voll Freudigkeit.

Er eilt mit off'nen Armen ihm entgegen;
der Sohn, er sinkt zu Füßen ihm und offenbart:
Ich hab' gesündiget auf allen meinen Wegen
vor dir mein Vater und dem Himmel hart;

ich bin's nicht wert, dein zu Sohn zu sein.
Als Tagelöhner will ich mich verdingen;
lass mich nur in dein Haus hinein;
ich will dir nur noch Freude bringen.

Der Vater zieht ihn hoch voll Tränen;
führt ihn, so schnell er kann in's Haus.
Die Vergangenheit, sagt er, die woll'n wir nicht
erwähnen.
Dann ruft die Diener er heraus.

Bringt mir ein Kleid, so spricht er voller Glück;
vom Besten muss es sein und einen Fingerreif,
auch Schuh' an seine Füße, denn er ist zurück,
mein lieber Sohn, o, dass ich's kaum begreif.

Er war mir tot, doch ist er lebend hier,
drum wollen wir ein großes Fest begehen.
Ein Kalb nun schlachten, ja, das wollen wir;
denn große Freude ist in diesem Haus zu sehen.

So feiert man die Rückkehr des Verlor'nen.
Musik und Sangeslärm schallt darum weit heraus;
und dieses überrascht den Erstgebor'nen,
der müde kommt vom Feld alsbald nach Haus.

Erst wundert er sich über diese Klänge,
dann wird er zornig, denn es stört ihn sehr.
Ein Diener kommt zu ihm aus dem Gedränge,
den fragt er forschend, was es drinnen wär?

Mein Herr, sagt dieser, ach wir sind so froh,
der jüngste Sohn ist plötzlich heimgekehrt.
D'rum feiern wir ein Fest und freu'n uns so,
ein Kalb zu schlachten war es dem Vater wert.

Der Zorn bricht aus dem Bruderherzen;
er weigert sich nun auch in's Haus zu geh'n.
Dem Vater macht er damit große Schmerzen;
er eilt nach draußen, um nach ihm zu seh'n.

Mein Sohn, warum verzerrt der Zorn dein Angesicht,
freu' dich mit uns, dass nun dein Bruder lebt,
ach Vater, nein, ich will es nicht,
dass dieser seinen Anspruch hier erhebt.

Für mich hast du noch nie ein Fest gegeben;
und je ein Kalb geschlachtet, so wie hier;
Konnte nie mit Freunden 'was erleben
im Hause war nie Platz dafür.

Doch dieser da, mein Bruder kehrt zurück,
nachdem sein Gut mit Huren er verprasst.
Schon winkt für ihn das schönste Glück,
weil du ihm Tür und Tor geöffnet hast.

Freu' dich, mein lieber Sohn, der Vater spricht,
du hast bei mir allzeit so wohl gelebt,
denn Not und Elend kennst du nicht,
hast nie mit eig'ner Kraft ein Ziel erstrebt.

Was mir gehört, hast stets du nutzen können;
nun sei getrost mein Sohn und komm herein,
um die Begrüßung ihm zu gönnen,
der Bruder wartet sehnend dein.

So endet Jesus nunmehr die Geschichte
und blickt warmherzig in die Hörerschar.
Bei manchen steht Verlegenheit im Angesichte,
wenn er im Leben wie der ält're Bruder war.

So sind auch wir als Schwester, Bruder aufgerufen,
Barmherzigkeit zu üben, wie's der Vater tat;
und jedem, der betritt des Gotteshauses Stufen,
die Bruderhand zu reichen im Geist und in der Tat.

Der wahre Gott
Das Feuerzeichen auf dem Karmel

Seit Jahren kämpfte Elia, der Prophet, für die Sache
des Herrn;
und eiferte, dass das Volk Israel sich bekehren würde,
in nah und fern
zu seinem Gott, der es seit Abrahams Zeiten so sicher
geführt;
wieder Gott zu dienen und anzubeten, wie es ihm
allein gebührt.
Doch Isebel, die Frau des Königs Ahab war strikt
dagegen,
das Volk sollte Baal dienen und geh'n auf seinen
Wegen.

Sie verfolgte die Propheten des Herrn und brachte sie
um,
bis auf Elia, verborgen von Gott, er blieb niemals
stumm;
und Obadja, der Palastvorsteher des Königs, er
verbarg in Höhlen
hundert Propheten, die sich konnten dort sicher
fühlen.
Sie wurden stets versorgt, bis dann anbräche die Zeit,
wo Gott für seine Männer streiten würde; nun war es
soweit.

„Geh' zu Ahab und rede mit ihm." So lautete Gottes
Befehl,
den Elia vernahm, darum eilte dieser zum König sehr
schnell,
„Befiel das Volk auf den Berg Karmel, dazu die
Diener des Baal,
auch die Propheten der Aschera in ihrer vollen Zahl.
Heute wird es für das Volk Israel die Entscheidung
geben,

welchem Gott die Einwohner Israels sollen weihen ihr
Leben.

„Wie lange wollt ihr noch hinken auf beiden Seiten",
sprach Elia zum Volk und ließ alles zum Opfer
bereiten.
Doch zuvor ließ er die Propheten des Baal ihr Opfer
bringen;
vierhundertfünfzig von ihnen sollten um Baals Gunst
dort ringen.
Sie teilten den Stier und legten die Stücke auf den
Altar,
doch durften sie ihn nicht anzünden, Elias Regel dabei
war.

So riefen sie Baal, und flehten ihn an, das Opfer zu
entzünden,
sie hörten nicht auf, zu schreien und sich im Tanze zu
winden.
Nach Stunden des Rufens begann Elia sie zu
verhöhnen:
„Vielleicht denkt er nach, oder er schläft", wollt' ich
noch erwähnen.
Baal sucht wohl irgendwo Hilfe und befindet sich auf
Reisen."
Selbst mit blutigem Kasteien war es nicht möglich,
seine Gunst zu erweisen.

Vergeblich war das Bemühen von Baals Propheten bis
zum Ende;
da winkte Elia das Volk auf seine Seite, zu bringen
die Wende.
Dann baute er aus zwölf Steinen einen Altar für den
Herrn;
hob einen Graben aus um ihn her, für Gott tat er's
gern.
Er ließ den Opferstier und den Altar begießen mit
Wasser,

vier Krüge, dreimal ausgegossen; es wurde alles immer nasser.

Dann erhob der Prophet seine Hände zur Speiseopferzeit;
und betete mit lauter Stimme zum Herrn in wahrer Heiligkeit:
„Du Gott Abrahams, Isaaks und Jakobs höre auf mein Gebet,
zu zeigen dem Volk deine wahre Größe, das hier wartend steht.
Verzehre das Opfer mit Feuer und lass dein Volk erkennen,
dass du allein wahrer Gott bist, und sie sich zu dir bekennen."

Da viel Feuer herab vom Himmel und fraß Opfer, Holz und Gestein;
löschte das Wasser im Graben und drang bis in die Erde hinein.
Das Volk fiel zu Boden, mit Entsetzen es das Wunder erblickte,
doch Elia sprang vor Freude, und sein Herz darüber sich entzückte.
Die falschen Propheten des Baal und der Aschera ließ er binden,
sie mussten am Bache Kidron nun ihren schrecklichen Tod finden.

Wie oft hat das Volk Israel die Wege seines Gottes verlassen,
durch viele Kriege und Gefangenschaft musste das Leben es lassen.
Reuevoll kehrte es immer wieder in die Arme Gottes zurück,
zu suchen und zu finden, in seinem Schutz das wahre Glück.

So ist für uns Christen die Geschichte Israels ein
Zeugnis fürs Leben,
die Treue zu Gott für keine Sach' in der Welt
aufzugeben.

29.09.2009

Die Botschaft vom Himmel

Gar zornig schnaubte der Häscher und brannte voller
Wut,
gegen alle Jünger Christi, die neuerdings mit großem
Mut
die Botschaft Christi weiter brachten bis nach
Damaskus hin,
zu verbreiten die Lehre des Herrn als seelischen
Gewinn.
Dazu erwarb der Häscher Saulus, vom Hohen Priester
dann
in Vollmacht zu binden und zu zerstören, was nun so
zart begann.
Die Jünger zu fangen und ins Verließ zu werfen, war
sein Begehr;
wie im Wahn verfolgte er Männer und Frauen im
Lande hin und her.

Kurz vor Damaskus ritt er stolz mit seinen Helfern,
nah ihrem Ziel.
Die Verächter des alten Glaubens zu packen, es fehlte
nicht mehr viel.
Doch plötzlich strahlte es gleißend vom Himmel auf
sie herab;
das Pferd des Saulus warf angstvoll wiehernd nun
seinen Reiter ab.
Der Häscher lag im Staube des Weges noch ganz
benommen;
da hörte er plötzlich laut und klar eine Stimme auf ihn
niederkommen.
„Warum verfolgst du mich o Saul; halt ein in deinem
Streben,
bekehre dich von deinem sünd'gen Tun, hinfort aus
diesen Wegen."

„Wer bist du, Herr", so fragte kleinlaut nun der
Pharisäer voller Zagen;
Die Antwort ließ noch banger das Herz in seiner Brust
nun schlagen.
„Ich bin Jesus, den du verfolgst. Doch es wird schwer
dir werden,
dagegen anzukämpfen, was ich begonnen hab' auf
Erden.
So reit nun in die Stadt, da wirst du bald die Nachricht
dann erfahren,
was jetzt von Stund an du für mich tun wirst, auch in
Gefahren.
Geblendet brachten seine Helfer Saulus ins Haus des
Judas bald;
Drei Tage war er blind, ließ Essen und Getränke kalt.

Unterdessen sandte einem Jünger in Damaskus der
Herr eine Vision,
Hananias war sein Name, der wusste von Saulus
Toben schon.
Ihm befahl der Herr: „Geh in die Gerade Gasse und
frage nach diesem Mann,
und lege die Hände auf sein Haupt, das Saulus wieder
sehen kann".
Erschrocken der Jünger wehrte ab den Auftrag des
Herrn;
„Was du mir gebietest, o Herr hör doch, ich mach es
nicht gern.
Denn dieser Saulus ist gefährlich, hab' darauf doch
acht,
hat verfolgt in Jerusalem die Deinen mit des Hohen
Rates Macht.

„Ich weiß Hananias, nun eile zu diesem Menschen
ganz in Frieden;
zu Völkern zu gehen, vor Königen zu reden, habe ich
ihm beschieden,
Auch den Juden wird er verkünden das Wort Gottes in
meiner Macht.
Doch sie werden zweifeln und ihn verfolgen, wie er es
mit euch gemacht".
So wurde Paulus ein Werkzeug bald in der Hand des
Herrn;
aller Welt den gekreuzigten Christus verkünden, das
tat er jetzt gern.
So wurde er sehend, in seinem Hass war mit Blindheit
er geschlagen,
doch nun war er frei im Glauben und wollte es allen
Menschen sagen.

Dass Christus der Herr, für die Menschen in seiner
Unschuld war gestorben,
und hatte für die Menschheit das rechte Lösungsmittel
nun erworben.
In Damaskus hob er an und lehrte frei und freudig in
der Synagoge,
doch die Juden ergriff nun Furcht, es war wie eine
große Woge;
was macht dieser Mann hier, der gekommen, um die
Jünger zu fangen,
das Entsetzen ergriff sie, denn sie wussten nichts mit
ihm anzufangen.
Sie geboten ihm Einhalt und planten, den neuen
Prediger zu morden,
doch Saulus ergriff die Flucht, bevor sie kamen, die
unsel'gen Horden.

Auch in Jerusalem bei den Christen war Furcht in den Herzen,
was war mit diesem Saulus nun, oder wollten die Menschen nur scherzen?
Doch als dieser nun freudig sich zeigte als Christ in der großen Gemeinde,
erwarb er sich durch sein Rühmen von Gott viel Anhänger und Freunde.
Die Botschaft vom Himmel war fortan seines Lebens großes Ziel,
in langen Reisen brachte er sie unter die Völker mit Herz und Gefühl.
Er wuchs mächtig im Glauben und stellte die Liebe des Herrn heraus immerdar,
aus dem einstigen Gegner wurde am Ende der größte Missionar.

09.05.2009

Die Speisung von fünftausend Menschen

Seit Stunden hatte Jesus dem Volk Israel mit
göttlicher Macht
die Geheimnisse des Evangeliums entgegen
gebracht.
Nun schloss er die Rede und wandte sich bald
daher
mit seinen Jüngern zur anderen Seite am
galiläischen Meer.

Doch sehnten die Menschen sich nach seinem
Heil,
sie folgten in Massen ihm, auch in die Höhen gar
steil.
Denn Jesus suchte, wie so oft, zu erklimmen des
Berges Höh',
er blickte auf die vielen Menschen, und es tat ihm
weh.

Wie schmachtende Schafe sah er sie zu sich eilen,
um auf den freien Plätzen zu rasten und hörend zu
weilen.
„Wie können wir", so sprach er zu Philippus,
seinem Jünger,
„die vielen Menschen speisen und stillen ihren
Hunger."

„Wir haben nicht das Geld, um sie alle mit Brot
zu speisen",
sprach Philippus, „oder sollen wir sie zum Dorf
unten weisen?"

Doch Jesus, der Herr, er wusste schon, was er machen wollte,
als Andreas, ein weiterer Jünger, einen kleinen Jungen holte.

Dieser trug einen Korb mit fünf Broten und zwei Fischen darin;
„Die werden niemals reichen", sprach Andreas in seinem Sinn.
Doch Jesus ließ die Menschen sich setzen und segnete die Speise,
dann ließ er Brote und Fische austeilen, in gewohnter Weise.

Allein fünftausend Männer, dazu Frauen und Kinder in großer Zahl,
die labten sich an Brot und Fischen bei diesem Wundermahl.
Die Reste wurden nach Jesu Geheiß aufgehoben und gesammelt,
wobei zwölf Körbe die Jünger füllten, damit kein Stück „vergammelt".

Dieses Wunder ließ die Menschen vor Freude erbeben,
sie wollten Jesus feiern und als König auf ird'schem Thron erheben.
Doch dieser zog sich zurück und stieg weiter auf den hohen Berg,
er wollte allein sein, da auch dies' Wunder allein war Gottes Werk.

(nach Ev. Johannes, Kapitel sechs)

27.01.2010

Drei Männer im Feuerofen

In Babylon vor langer, langer Zeit ein König herrscht
mit Macht und Schrecken.
Gar viele Länder hat er schon besiegt mit seinen
starken, kampferprobten Recken.
Die Starken Israels in Schmach geführt als Sklaven
in die fremde Welt,
so werden sie geprüft von Gott, zu seh'n, ob mancher
ist dabei ein Glaubensheld.
Auch Schadrach, Meschach und der kleine Abed-
Nego, im Angesicht der Macht
des Königs Nebukadnezar, der zu Statthaltern in
Babylon sie hat gemacht,
erleben Aufstieg, Sieg, Triumph; doch als sein Zorn
erglüht, durch Eifersucht entzündet;
da spüren sie die Höllenfinsternis; ihr Lebensglück ja
auf den Tag entschwindet.

Doch hören wir zuvor, wie alles hat sich zugetragen
dort auf Babels Fluren;
Ja, bis in unsere Zeit hinein verfolgen wir noch des
Geschehens Spuren.
Der König ließ ein riesig Standbild gießen, gigantisch
hoch auf 30 Meter Höhe,
in der Ebene Dura steht es majestätisch und gewaltig,
dass es jeder sehe.
Dann läßt er alle Führer seines Volkes, die Großen
und die Kleinen im ganzen Lande rufen;
um dieses Standbild einzuweihen, steht ein gewalt'ges
Menschenheer vor seinen Stufen
Die Hörner dröhnen schallend, mit Macht lässt er dem
Volk sein Wort verkünden
der Herold ruft es laut, die Untertanen sich in tiefer
Ehrfurcht winden.

Beim Klang der Hörner, Flöten, Harfen, und auch der
Zimbeln schön,
werden alle Untertanen vor diesem Standbild auf die
Knie geh'n.
Denn dieses ist der neue Gott, den ich euch habe
schaffen lassen,
den gilt es anzubeten; das Volk kann diesen Aufruf
noch nicht fassen.
Doch Schadrach, Meschach und Abed-Nego sind vor
Schrecken bleich,
sie wissen, niemand ist dem ew'gen Gott und heiligen
Schöpfer gleich.
Und als die Trommeln, Zimbeln, Hörner tönen, und
das Volk hernieder fällt, um anzubeten;
sind sie es, die dem Königsruf mit heil'gem Zorn sich
nun entgegen stell'n; auch wenn man sie würd' töten.

Die neben ihnen knien, seh'n voll Wut und
aufkommendem Entsetzen,
dass diese drei aus Israel, dem Befehl des Königs sich
doch widersetzen.
Schnell eilt die Botschaft weiter und dringt wuchtig an
des Königs Ohr;
voll Zorn befiehlt der König lautstark: Bringt die
Frevler zu mir vor.
Als diese bleich, doch stark in ihrem Willen vor dem
Potentat erscheinen,
stellt dieser mit Erstaunen fest, dass diese Männer
nicht vor Furcht gleich weinen.
Die Strafe eures Frevels kennt ihr ja; des Ofens Glut
erwartet euch gleich morgen,
und welcher Gott soll retten euch vor meines heißen
Ofens Morden.

Halt ein, spricht Schadrach und sie treten mutig dem
König nun entgegen;
Auch wenn uns unser Gott nicht hilft, wir gehen
niemals auf des Sünders Wegen.

Wir knien niemals vor dem Götzen hier und beten ihn
nicht an,
dieses hier entspringt doch nur eines verrückten
Menschen Wahn.
Des Königs Zorn entflammt erneut und er befiehlt
den Schergen schnell,
facht an das Feuer, dass es brenne siebenfach und die
Flammen lodern hell.
Ich will es ihnen zeigen, wer nun die größere Macht
hier kann entfalten,
dass meine Macht es ist, die mit allen Menschen kann
nach meinem Willen walten.

Am nächsten Morgen ein Hitzeschwall den Menschen
fast den Atem nimmt;
Der König drei der Schergen zum Henker für die
Helden nun bestimmt.
Sie werfen Schadrach, Meschach und Abed-Nego in
diesen heißen Schlund,
und hauchen selbst ihr Leben aus in diesem
Augenblick, zu dieser Stund.
Und als der König und sein Hofstaat sich am Tod der
Helden woll'n ergötzen,
geh'n frei die drei im Ofen auf und ab, und alle sich
aufs Höchste nun entsetzen.
Ja, mehr noch, keiner kann dies Wunder glauben,
obwohl sie es mit eig'nen Augen sehn
ein vierter Mann geht mit den And'ren, einem Engel
gleich und wunderschön.

Der König bleich, es zittern ihm die Glieder, als er die
Helden zu sich winkt,
und jeder dieser Männer, ganz unversehrt aus diesem
heißen Ofen springt.
Kein Brandgeruch, ja, Haut und Haar und auch die
Kleider unversehrt,
hat Gott der Herr seinen Knechten das große Wunder

hier beschert.

Gepriesen seid ihr, ruft der König und auch der
Hofstaat stimmt mit ein,
nur euer Gott soll angebetet werden und Herrscher
hier in diesem Lande sein.

Hinaus tönt es in alle Lande, der König hat in seiner
Macht bestimmt,
die Sach' mit Schadrach, Meschach und Abed-Nego
ein gutes Ende nimmt.

Sie sollen Fürsten sein, und würdevoll das Land und
alles Volk regieren,
mag nun ihr Gott den König und das Volk zum großen
Frieden führen.

23. Juli 2007

Joseph
Vom Träumer zum Traumdeuter

Jakobs Sohn, der jüngste war's und gerade siebzehn
Jahre alt;
des Vaters Stolz, den er liebte mehr als seine and'ren
Kinder;
der überbrachte eines Tags dem Vater böse Kunde
halt
von seinen Brüdern, die weideten Ziegen, Schafe und
auch Rinder.

Die Brüder waren bös und neideten Joseph sehr, dass
er dem Vater so wert.
Als dieser eines Tages ließ nähen ein buntes,
prächtiges Gewand;
in dem Joseph stolz prahlte, dass ein jeder im Clan es
hört',
da geriet der Zorn der Brüder außer Rand und Band.

Sie planten, Joseph zu töten, als dieser erzählte von
seinen Träumen,
dass Garben sie banden zur Erntezeit, und die der
Brüder sich neigten,
vor Josephs Garbe; da fingen die Brüder vor Zorn an
zu schäumen;
doch ihren Hass die Brüder vor Joseph nicht offen
zeigten.

Noch weiter prahlte Joseph mit seinen Bildern, die er
im Traume erblickte;
dass selbst der Vater im Kreise der Familie ihm
Einhalt gebot.
Die Sonne, der Mond und elf Sterne sich vor ihm
neigten, was diesen entzückte.

Mit Mühe und Schelten brachte der Vater den Frieden
wieder ins Lot.

So kam eines Tages, was schon lange im Herzen der
Brüder sich rührte,
als der Vater den Jüngsten zu den Herden auf der
Weide hin sandte.
Von Weiten sahen sie, wie der Träumer den
Wanderstab führte
und Mordlust in ihren Gemütern auf das Höchste
entbrannte.

Sie zogen ihm aus das schöne Gewand und warfen ihn
in eine Zisterne
und planten, wie sie ein Unglück dem Vater könnten
nachweisen.
Eine Karawane sich nahte; die Brüder erblickten sie
schon in der Ferne,
an diese verkauften sie Joseph, und er musste mit
diesen Leuten reisen.

Dann tauchten sie das Gewand in das Blut einer
geschlachteten Ziege,
und erzählten dem Vater vom Unglück, das Joseph
hätte getroffen.
Dieser schrie laut vor Trauer, wusst' nicht, dass es
war eine Lüge;
die Brüder verdrückten sich schnell; ohne auf Frieden
zu hoffen.

In Ägypten wurde Joseph verkauft und Potiphar
wurde sein neuer Gebieter,
dort diente Joseph mit Fleiß und Geschick, der Herr
ließ ihm alles gelingen.
Potiphar erkannte den Segen und setzte Joseph über
seine sämtlichen Güter.
Gott segnete das Haus des Beamten um Josephs
Willen in allen Dingen.

Die Frau des Potiphar fand Gefallen an Joseph und
wollte ihn gerne betören;
sie jagte ihm nach und suchte den Moment, den
Sklaven zu erhaschen.
Doch Joseph stellte sich taub, um nicht auf ihre
Verführungskünste zu hören.
So wurde der Kampf immer heißer, je mehr er entfloh
ihren Netzen und Maschen.

Eines Tages jedoch war Joseph mit ihr im Hause ganz
allein;
Und Potiphars Frau zog Joseph das Gewand von
seinem Leibe.
Er floh davon, in dieser Situation wollte er nicht mit
ihr zusammen sein,
damit er treu in seinem Glauben vor Gott ohne diese
Sünde bleibe.

Doch Potiphars Frau war enttäuscht und wütend, dass
er sie verschmähte,
erzählte ihren Dienern und am Abend ihrem Gatten
von dem Geschehen.
Im Zorn warf Potiphar den Sklaven Joseph ins
Gefängnis, wenn dieser auch flehte;
doch Gott, der Herr, war auch hier mit ihm, das
werden wir im Weiteren noch sehen.

So hatte Joseph bald die Aufsicht über alle Wärter, sie
lernten ihn recht kennen.
Ein Bäcker und ein Mundschenk des Pharao plötzlich
ins Gefängnis müssen.
Sie beide hatten einen Traum und niemand war im
Stande die Deutung zu nennen;
als Joseph sah ihr trauriges Gesicht, wollt' er um ihren
Kummer wissen.

Der Mundschenk sprach von drei Weinranken, die zu
Trauben wurden, prall und süß;
daraus presste er Wein in einen goldenen Becher und
reichte diesen Pharao.
Da deutete Joseph im Namen Gottes, dass der
Mundschenk in drei Tagen ganz gewiss
wieder im Dienste des Pharao wäre, und es geschah
nach diesen Tagen wirklich so.

Der Bäcker erzählte von drei Körben Gebäck auf
seinem Kopf, welche die Vögel fraßen.
Auch hier gab Joseph die Deutung des Traumes, dass
der Bäcker in drei Tagen
aus dem Gefängnis käme frei, doch würde Pharao den
Bäcker hängen lassen,
und Vögel würden dessen Fleisch fressen, so lauteten
für ihn die schlimmen Plagen.

Zwei Jahre später wurde dem Pharao durch Träume
das Schicksal Ägyptens benannt,
doch keiner seiner Astrologen war fähig und klug,
diese Träume zu deuten;
der Mundschenk entsann sich des Mannes, der im
Gefängnis sein Schicksal genannt.
Man holte den Israeliten sehr schnell zu Pharao und
seinen Leuten.

„Sieben Kühe, recht fett und gesund entstiegen dem
Nil", so sprach der König zur Stund'.
„Doch weitere sieben, gar mager und hässlich, die
fraßen die fetten Kühe", sagte er dann.
Ein weiterer Traum erschreckte den König danach,
von Ähren aus Korn, voll und gesund,
sie wurden gefressen von Ähren, die mager und krank
waren; ob Joseph es deuten kann?

„Mein König", sprach Joseph, „nur Gott, der Herr,
allein kann alle Träume deuten,

doch will ich sagen, was dem Land Ägypten in all'
den nächsten Jahren wird geschehen.
Die sieben fetten Kühe und auch die fetten Ähren, ja
die können nur eines bedeuten;
dass sieben gute Jahre der Ernte reich und fruchtbar
kommen, das Volk wird es sehen."

„Doch werden diesen guten Zeiten sieben
Hungerjahre folgen, so steht es fest;
und diese fressen die Vorräte auf, dass Elend im
Volke wird herrschen."
Der Pharao und sein Hofstaat betroffen standen,
Josephs Rede gab ihnen den Rest.
„Was sollen wir machen?" der Pharao blickte
erschrocken. „Die Not wird uns beherrschen?"

„So sammelt in diesen guten Jahren das Korn zu
Einfünftel in Vorratshäusern ein",
sprach Joseph, und Hoffnung erstrahlte in den Augen
des Pharaos und seiner Leute.
„Dann habt ihr genug Korn in den Jahren des Hungers
und ihr werdet dann sicher sein."
„Dich mache ich", sprach Pharao zu Joseph, „zu
meinem Vizekönig noch heute!"

So kam es, dass Gott, der Herr, den Joseph sicher
führte und bracht' ihn zu hohen Ehren.
Vom jungen Träumer wuchs ein Mann, der in der
Lage war, die Träume zu deuten.
Er wurde zum Heil für viele Menschen in den Tagen
der Not, so konnte man es hören;
Was weiter geschah, kann man lesen in der Schrift
oder erzählt es anderen Leuten.

15.01.2010

Mose erhält die 10 Gebote

Mit sich'rer Hand führte Mose, der Knecht des Herrn,
das Volk hinaus aus Arbeit, Fron und Sklaverei.
Die Reiter des Pharao nahten schnaubend sich von
fern,
es war ihm gram, dass er ließ die Israeliten frei.
"Holt' sie zurück," befahl der Mächtige vor Zorn,
angsterfüllt, so schrie das Volk zu Mose, so hilf;
denn blickten die Israeliten verzweifelt nach vorn,
da lag vor ihnen das große Meer, voller Schilf.

Mose, der Knecht wandte sich allein an Gott,
er rang laut um Hilfe in der großen Gefahr.
"Ach, Herr, so errette uns aus dieser elenden Not,
erzeig dich als Retter und Held, wie es immer war."
Er tauchte den Stab in die grimmige Flut,
und tosend und gurgelnd die Wasser sich teilten.
Mose drängte das Volk und sprach, es wird gut;
ans rettende Ufer mit großer Anstrengung sie eilten.

Das Wunder geschah, das Heer fand den Tod,
sie lobten und priesen voll Dankens den Herrn.
Jehova ist mächtig und hilft in der Not,
so einen Gott hatten die Israeliten ja gern.
Nun lagerten sie zur Erholung seit zwei Tagen
am Sinai, dem Gottesberg und warteten d'rauf;
dass der Herr ihnen wollte etwas Gewaltiges sagen,
denn Mose, ihr Führer sollte auf den Berg hinauf.

Am Morgen des dritten Tages ein Donnern sich erhob,
dass fürchterlich klang, und Blitze, sie zuckten so
grell.
Eine dunkle, mächtige Wolke sich auf die Bergspitze
schob,
wie Posaunengeschmetter herab erklang es sehr hell.
Das Volk war erschrocken und lief weinend herum,

vor Furcht schrie'n sie nach Mose und Aaron um
Schutz.
Der Lärm und die Blitze, sie bringen uns noch um,
wenn wir verderben, wem ist das von nutz?

Mose sprach ruhig und erklärte dem Volk den Willen
des Herrn, und führte es nah an den Berg heran.
Ihr müsst es lernen, diesen ganz zu erfüllen;
dann nimmt sich der Herr auch Eurer Sorgen an.
Denn heute will Gott ein Zeichen uns geben,
Er gibt das Gesetz, welches, Ordnung und Zucht,
dass wir alle in Frieden zusammenleben,
als Volk des Herrn, das auf Erd' seinesgleichen sucht.

Dann stiegen Mose und Aaron in die Höhe hinauf,
es bebte der Berg und Rauch quoll empor.
Je steiler es wurde, desto zögernder ihr Lauf,
dann blieb Aaron zurück und Mose drang vor.
Die Spitze des Berges brannte wie im Feuer,
die Stimme des Herrn erscholl mächtiglich,
zuerst war es Mose nicht ganz geheuer,
doch dann legte der Friede in seine Seele sich.

Er starrte vor sich auf die große Felsenwand
und hörte aus der Wolke die Stimme voll Macht.
Und plötzlich schrieb es wie mit einer Feuerhand,
in den Felsen hinein die Zehn Gebote, habt Acht!
Ich bin der Herr, dein Gott, der dich geführet
aus Ägyptenland, wo unter der drückenden Last,
der Pharao voll Zorn die Schmach geschüret,
und du in Sklaverei und harter Fron geschuftet hast.

Ich sage dir als lebendiger Gott, denn du sollst nie
fremden Göttern dein Leben weihen,
dass du verführet wirst, und anbetest sie.
Dann kann dein Leben nicht gedeihen,
errettest wirst du nicht aus Qual und Not,

denn diese starren, tauben Götzen, sieh
sind in Wahrheit doch nur Staub und tot,
und segnen können sie dich nie.

Dann hör, o Volk des Herrn, mach dir kein Bild,
kein Gleichnis, was du siehst auf Erden.
Was du im Himmel wähnst und wert dir gilt;
und könnte groß in deinen Augen werden.
Was schwimmt im Wasser, oder in der Tiefe
der Erde Schoß verborgen ist, o Mensch bedenk,
nichts ist mir gleich, das jemals ich ins Leben riefe,
ich nur allein den Lauf des Universums lenk.

So betet es nicht an, das Bild, und dient ihm nicht;
ich eifre um die Missetat der Väter bis ins vierte
Glied.
Doch der den Willen Gottes liebt, ist voller Licht,
dass man den Segen tausendfach bei ihnen sieht.
Als nächstes sollst du meinen Namen nicht
missbrauchen,
denn strafen werd' ich den, der diese Sünd vollbringt.
Und sollte jemals einer darin fehlen und dann
straucheln,
dann ist es wichtig, dass er wieder um die Gnade
ringt.

Gedenkt des Sabbats, weil er ist für euch gegeben,
dass ihr ihn heiliget und alle Arbeit ruhen lasst.
Denn in sechs Tagen sollt ihr Menschen streben,
nach allem, was die Erde an Schätzen in sich fasst.
So wie der Herr das Universum hat erschaffen,
und ruhte aus am siebten Tage von all dem Tun;
so soll der Mensch nicht nur die ird'schen Schätze
raffen,
auch Gott suchen und dann von seinem Streben ruh'n.

Die Mutter, die dich unter Schmerzen konnt gebären,
der Vater, der dir Schutz in deiner Kinderwelt
gegeben.
die sollt ihr jeden Tag, ja, bis ins hohe Alter ehren,
und später sorgen für ein angenehmes, schönes Leben.
Dann wird der Segen Gottes dich zu jeder Zeit
begleiten,
und lange leben sollst du in dem wunderbaren Land,
das er dir geben wird zu deinen Lebenszeiten.
Steht es doch stets in seiner wunderbaren Hand.

Lass nie den Tod von deiner Hand an einen Menschen
kommen,
und Mordlust bleibe fern von deinem Angesicht.
denn, wer sich zählen will zu all den Gottesfürchtigen
und Frommen,
soll fern sich halten von dem Bösen und töten darf er
nicht.
Hast du ein Weib genommen und betrachtest sie als
dein,
sollst treulich du dich zu ihr halten und sie lieben,
denn Ehebruch gebiete ich, soll zwischen euch nicht
sein.
Als nächstes wende ich mich zu den Dieben.

Du sollst nicht stehlen, das gebiete ich in meiner
Macht.
Vertrauen soll euch stärken und das Eigentum sei
sicher.
Nicht trachten nach des Nächsten Gut, seid d'rauf
bedacht,
So soll's geschrieben werden einst im Buch der
Bücher.
Als nächstes geht's den Lügnern an den Kragen,
ein Gräuel ist es mir, wenn Menschen dieses tun.
So ist es richtig, dass die Menschen stets die Wahrheit
sagen,

dann können sie auch ruhig und ohne Sorgen im
Gewissen ruh'n.

Als letztes gebiete ich, und lass dich nicht gelüsten,
zu begehren deines Nächsten Haus, noch Weib oder
Knecht.
Es ist die Lust zu haben, die den Menschen macht zu
einem wüsten,
gewissenlosen Wesen, das nicht weiß, was gut und
recht.
So lasst euch leiten durch die Güte Gottes auf dem
Lebensweg,
ihr könnet selber wählen, ob ihr Segen wollt oder den
Fluch.
denn an der Sünde und am Tod vorbei führt mancher
Steg,
die Macht des Bösen greift nach Menschenseelen und
hat nie genug.

So steig herab und zeig dem wüsten Volk die Zehn
Gebote,
dieweil du bei mir warst, da ist ihr Herz erneut
verdorben.
Sie tanzen um das Goldne Kalb, obwohl ich ihm
durch dich gebote,
mir treu zu sein; doch hat der Satan stets um sie
geworben,
so ist es besser, wenn ich sie von dieser Erd' vertilge,
und aus dir schaffe mir ein neues, treues, edles Volk.
Doch Mose bat den Herrn um Gnade und um seine
Milde,
und hat nach zähem Ringen auch bei ihm Erfolg.

Milliarden Menschen sind seit dieser Zeit auf dieser
Welt geboren,
wie sind sie auf dem Lebensweg in ihrer Zeit
gegangen?
Wer hatte Gott als treuen Führer für sich auserkoren,

und konnte mit den Zehn Geboten leben und hat
angefangen,
als Richtschnur seines Lebens sie vor Augen zu
betrachten.
sie gelten heute noch für mich und dich, denkst du
daran?
Ein jeder, der es ernst gemeint, weiß, dass sie Segen
brachten,
und frei dich machen von allem falschen, stolzen
Wahn.

Was wäre die Erde, wo wir leben doch, ein Paradies,
und alle Menschen wären glücklich und auch satt.
Wenn doch der Mensch den Herrn gewähren ließ,
dann wüsste er, was er von seiner Liebe hat.
Die Zehn Gebote gäben Allen ein glückliches Leben,
und vorbei wären Elend, Not und Verbrechen.
Die Menschen würden sich so viel Gutes geben,
wenn sie keines der Gebote mehr würden brechen.

04.April 2000

Stiftung des Heiligen Abendmahles
Ermahnung an die Jünger

Mit festem Schritt zog er den Seinen nach kurzer Rast voran.
In kleinen Gruppen folgten die Jünger im Gespräch vertieft.
Das Fest der süßen Brote, das Osterfest, sobald begann,
der Meister deshalb zwei seiner Jünger zu sich rief.
Geht in die Stadt, dort findet ihr, mit einem Wasserkrug beladen,
einen Menschen, dem folget nach auf seinen Pfaden.

Dort, wo er einkehrt, folget ihm nur in das Haus hinein.
Den Hauswirt werdet finden ihr im Gespräch mit dem Gesinde.
So grüßet ihn von mir und fraget ihn: Wo soll er sein,
der Platz, das Osterlamm zu essen. Sag, wo ich ihn finde?
Er wird euch führen nach oben in einen großen Saal,
da ist der Platz, mit Euch zu halten das hehre Ostermahl.

Die Jünger gingen in die Stadt, wie es der Herr befohlen.
Sie fanden auch den Mann und folgten ihm sogleich.
Zur Bereitung des Mahles ließen sie noch manches holen
und füllten auch die Sitze mit Polstern warm und weich.
Zum Abend nahte Jesus mit den Jüngern dieser Stätte,
die beiden hatten alles so gemacht, wie er es gerne hätte.

Nun saßen sie in froher Runde, bereit das Mahl zu
nehmen;
doch Jesus erkannte nun, dass seine Zeit gekommen
war.
in seinem Herzen fühlte er ein tiefes Sehnen,
er blickte segnend und mit Wohlgefallen auf seine
Jüngerschar.
Doch einer war, dass wusste er, dem Satan schon
verfallen,
mit traurigem Blick gab er es kund den andern allen.

Einer unter Euch, der wird mich heut' verraten,
die Jünger starrten auf den Meister ganz entsetzt.
wer es auch ist, er soll nicht länger warten;
denn dieser hat die Liebe Gottes tief verletzt.
Bin ich es, fragten nun die Jünger ihren Herrn,
denn sie alle hatten ihren Meister gern.

Es ist, der seinen Bissen mit mir in die Schüssel
taucht,
und Judas tat's mit unbeweglichem Gesicht.
"Was Du willst, das tue bald" der Heiland haucht
Und dieser wählte für sich nun das Gericht.
Er eilte in die Finsternis hinaus zum Hohen Rat,
und vollendete damit seine Wahnsinnstat.

Doch weh dem Menschen, durch welchen er verraten
ward.
Es wäre besser, als wäre dieser nie geboren.
Auch wenn dies' Urteil klingt in manchen Ohren hart,
Die Hölle selbst hatte ihn sich auserkoren,
doch Judas' lang gehegter Plan, der ging daneben
und kostete ihn auch das eigene Leben.

Es hatte mich verlangt, denn eh' ich leide für die Welt,
das Osterlamm mit meinen Lieben hier zu essen,

Und Jesus nun bedeutsam das Brot in seinen Händen
hält,
er segnete es, bevor man anfing, es zu essen.
Das ist mein Leib, für euch gebrochen und gestorben;
womit er für die Menschen das ew'ge Heil erworben.

Dann nahm den Weinkelch er und hielt ihn hoch
empor.
Dies ist mein Blut, das fließt für aller Menschen
Sünden.
und nur darin, so stellte er den Jüngern vor,
kann ein Mensch Erlösung aus Tod und Sünden
finden.
Doch will in Zukunft ich davon nicht mehr genießen;
im Reiche Gottes erst erneut, das sollt ihr wissen.

Wenn ihr die Herrlichkeit des Vaters schauen könnt
im Licht,
und alle, die durch euch zu meiner Braut erkoren.
Wo keine Sünde quält, kein Tod das Auge bricht,
zum ew'gen Leben dann in Gottes Reich geboren.
Da wird die Freude für all die Seelen vollkommen
sein;
Und Gottes Majestät erscheint im hellsten Lichtes-
schein.

Nun speisten sie und waren leise im Gespräch
versunken
über ihres Meisters wundervolle Worte.
Kaum hatten sie gegessen und von dem Wein
getrunken,
ergriff der Herr das Wort, da er einiges von ihnen
hörte.
Auf dem Weg zur Stätte war ihnen nicht ganz klar,
wer denn der Größere von ihnen war.

Ihr wisst, begann der Herr, und sah sie lächelnd an
die Menschen ringen um die Macht allein.

So kommt ihr nicht an ihre Seelen 'ran,
der Größte unter euch, soll aller Brüder Diener sein.
So wünsche ich, dass ihr in Liebe zueinander steht,
und somit auf den Wegen eures Meisters geht.

Dann band er einen Schurz um seine Lenden
die Jünger rätselten und sah'n sich an, erstaunt.
Er beugte nieder sich, mit einer Schüssel Wasser in
den Händen,
und wusch die Füße ihnen, doch Petrus schlecht
gelaunt,
ließ diese Liebestat an seinen Füßen nicht geschehen.
„Halt Petrus, wie willst du in des Vaters Reich
eingehen?"

So lasst geschehen, was ich euch jetzt tue.
Ein Beispiel ist's, das öffnet euch die geist'gen Augen
Da zog der Jünger aus die Straßenschuhe:
„Dann wasche Herr mich, soll ich vor Dir taugen,
nicht nur die Füße mir, doch auch den ganzen Leib,
dass ich mein ganzes Leben lang Dein treuer Diener
bleib."

Mit ernstem Blick sah er den Jünger an und spricht:
Du wirst der Felsen sein, auf den ich bau mein Haus.
Doch eh' der Hahn kräht und es naht des neuen Tages
Licht,
und man mich führen wird vom Hohen Rat hinaus,
wird Deine Stimme sagen, dass Du mich nie gekannt;
wie hatte es dem Petrus im Herzen da gebrannt.

Ihr seid nun traurig, dass ich von Euch gehen werde;
doch seid getrost, ich will Euch wiedersehen.
Der Satan triumphiert auf dieser schönen Erde,
ich werde bald zurück zum Vater gehen.
Doch vorher muss den bitt'ren Kelch ich trinken,
und in das kühle Grab hinunter sinken.

Am dritten Tag wird Gott den Menschensohn
erhöhen,
die Auferstehung bricht des Todes grauenvolle Macht.
Die Hölle selbst wird dann vor Furcht vergehen,
wenn erst das große Opfer ist gebracht.
Doch lasst uns gehen, denn die Zeit ist nah,
die Nacht der Finsternis und Sünde ist nun da.

Sie ließen nun den Saal zurück und wandten sich,
zu wandeln hin den Pfad, auf nach Gethsemane.
die Jünger leuchteten den Weg mit einem Licht.
Dem Gottessohn tat es im Herzen weh,
denn auch die Todesfurcht ergriff des Meisters Herz,
es fühlte immer mehr den fürchterlichen Schmerz.

So rang er heiß und innig im Gebet mit Gott,
die Jünger waren müde dort und schliefen ein.
Sie spürten nicht die große Seelennot,
doch legte alles in des Vaters Willen er hinein;
Da kam ein Engel mit dem Kelch der Kraft,
den nahm er hin, damit das Opfer er auch schafft.

Gedichte aus dem Leben mit Gott

Anfechtung

An frohen, lichten Tagen,
da ist es leicht zu sagen:
Ich glaube Herr, sei Du mein Heil.
Du bist mein liebstes Teil.

Wenn Sorgenberge dich jedoch erdrücken,
kein Trosteswort dich kann erquicken;
der heiße Seelenkampf im Herzen tobt,
der Höllengeist dich ganz umwobt.

Der Glaube gar verzagt und klein,
Du fragst: Was soll das alles sein,
wo bist Du Herr, wo ist die Kraft,
die neues Leben in mir schafft?

Am Boden liegst du regungslos,
du seufzest: Ach, was mach ich bloß?
Dein Beten und Flehen bringt keine Ruh,
Der Himmel ist dicht, empfindest Du.

Wo ist Gott Deine große Liebe,
die treu an meiner Seite bliebe?
Wie Du mir stets verheißen hast;
auch unter Kreuzesdruck und Last.

Doch dann durchbricht ein Sonnenstrahl
das schmerzensreiche Jammertal.
Hier bin ich! klingt es nun im Herzen,
ich heile Dich von Deinen Schmerzen.

Im Gottesdienst hörst Du sein Wort,
das tröstet Dich, jagt alles Fins'tre fort.
Die Gnade schenkt Dir Heil und Freuden,
erlöset Dich von Deinen Leiden.

Und Du erkennst das weise Lenken,
des güt'gen Gottes, er will Dir schenken
aus seinem Heiligtum der Weisheit Kraft,
die eine große Erkenntnis in Dir schafft,

denn unter diesem Leidensdruck
reift heran die Seelenfrucht,
die am Tag des Herren dann
in die Herrlichkeit ziehen kann.

So können wir nicht immer verstehen,
warum wir gerade diesen Weg gehen;
der durch viel Leid und Jammer geht,
auf dem man keine Freude sieht.

Doch denke dran, er sitzt im Regiment;
der Vater deine Seele kennt.
Und auch der Sohn führt mit viel Liebe
dein Herz, damit es treu ihm bliebe.

Wenn dann nach ausgekämpften Streit
dein Herz ruft aus mit Fröhlichkeit:
Ich danke dir, o Jesus, Gottes Sohn.
Nun erb ich den verheiß'nen Lohn.

Darf sehen nun mit eig'nen Augen,
was Leid und Anfechtung hier taugen.
Sie bringen außer Lohn und Freud'
die lang ersehnte Herrlichkeit.

Augen der Ewigkeit

Zwei große, braune Kinderaugen sehen mich an.
Sie scheinen nach mir zu greifen, mich in ihren Bann
zu ziehen.
Mit großer Kraft halten sie mich fest; ich kann mich
nicht von ihnen lösen.

Weißt du, wer ich bin, raunen sie mir zu.
Ich gehöre zu einem kleinen Jungen, der noch nicht
lange auf dieser Welt ist.
Aber der so viel gesehen hat, als könne er das ganze
Universum einfangen.
Es ist so viel Leid, das auf dieser Erde herrscht; und
so viel Tränen, die geweint werden.
So wenig Liebe und Glück ist vorhanden, welches das
Leben lebenswert macht.

Sie sprechen von Krankheit, Schmerzen und Tod.
Kennzeichnen Krieg und Habgier, Verderben und
Dunkelheit.
Die Herrscher der Welt sind finstere Gesellen, denen
es nur Vergnügen macht, die Menschen zu quälen, die
Natur zu vergewaltigen, die Schöpfung zu vernichten.

Stolz gehen sie über die Erde, als wären sie die Götter
des Universums,
als müssten sie niemals Rechenschaft abgeben über
ihr verderbliches Handeln.

Da schauen die Augen des Jungen nach oben. Sie
berühren fast den Himmel.
Eine dunkle Wolke schiebt sich verlegen zur Seite und
ein gleißender Sonnstrahl, der sich den Weg in das
Elend der Welt bahnt, trifft die Augen des Kindes.

Angefüllt mit Licht und Wärme verkünden sie eine frohe Botschaft.
Hilfe für die Schwachen, Hilfe für die Notleidenden, Hilfe für Armen.
So wie es der Herrscher des Universums, der allewige Gott, bei Beginn der Finsternis verheißen hat.
Ich werde Einen senden, der wird den Kopf der Schlange, des Verführers, des Bösen zertreten.

O, atme auf, o Welt. Er wird kommen der Held aller Zeiten. Dann wird er als der König aller Herrscher regieren und die Welt wird aufatmen und leben.
Liebe und Glück, Freude und Wonne werden die Menschen erfüllen.
Sie werden satt zu essen haben, kein Krieg und Pestilenz, wird sie mehr vernichten.
Und sie werden ihm huldigen und erkennen: Er ist der alleinige Herrscher!

22. September 2005

Dankbarkeit

Wenn ein neuer Morgen dich lässt aus tiefem Schlaf
erwachen;
du deine Augen aufschlägst und ein frischer Tag
beginnt.
Wenn der erbetene Engelschutz dich konnt' des
Nachts bewachen,
der Alltag ruft und dich auf deine Beine zwingt,
dann halte still und denke d'ran, was Gott dir Gutes
hat getan!

Er hat dich wohl beschützt; sein Vateraug' hat über
dich gewacht,
dass keine Finsternis dich schreckt und Schaden
bringen kann.
Spürst du in deinem Leben nicht seine große
Liebesmacht?
Die aus deinen Problemen, noch Wunder machen
kann;
dann halte still und denke d'ran, was Gott dir Gutes
hat getan!

Wenn deine Tage hell und licht, und alles kann so
froh gelingen.
Das Lebensglück dir scheint und alles ist so
unbeschwert.
Voll Glück und Glauben kannst du deine Lieder
singen,
das Werk des Herrn ist groß bei dir und so viel wert.
Dann halte still und denke d'ran, was Gott dir Gutes
hat getan!

Wenn dich der Herr gerufen hat und dir ein Amt
gegeben,
du voller Ehrfurcht zitternd "ja" gestammelt hast.
Du hast versprochen, deine ganze Kraft zu geben,

zur neuen Aufgabe, die du vom Herrn bekommen hast.
Dann halte still und denke d'ran, was Gott dir Gutes hat getan.

Wenn Sorgenberge dich drücken und viel Lasten quälen;
du seufzend flehst und ringst bei Gott um Kraft.
Sein Wort dich heißt die Gnadengaben aufzuzählen,
was Gottvertrauen, Glaubensmut und Sicherheit in deiner Seele schafft.
Dann halte still und denke d'ran, was Gott dir Gutes hat getan!

Wenn Leidenschaft dich quält und Sünde begierig nach dir fasst.
Du oftmals gläubig kämpfst, doch manches Mal sie dich verführt.
Wenn Jesu Opfer in seiner Gnade dir wegräumt alle bitt're Last.
Hast du nicht immer seinen zarten Blick gespürt?
Dann halte still und denke d'ran, was Gott dir Gutes hat getan!

Wenn Gott es zugelassen, dass eines deiner Lieben wird genommen,
und du voll Schmerz und Trauer nicht seinen Vaterwillen siehst.
Durch Gottes Wort und Liebe den Trostesbecher hast bekommen,
die Nähe aller Lieben von drüben in deiner Seele fühlst.
Dann halte still und denke d'ran, was Gott dir dennoch Gutes hat getan.

In allen Lebenslagen lass Dankbarkeit in deiner Seele
blühen.
Denn seinen Kindern soll doch alles nur zum Besten
sein.
Wenn wir zu Hause sind, dann werden wir es freudig
sehen;
Das alles diente uns dazu, dass wir können allen
Menschen ein Segen sein.
Dann jubeln wir und denken d'ran, was Gott uns
Gutes hat getan.

Wenn dann der Heiland auf Erden als König regieren
wird
und wir als Könige und Priester mit ganzer Liebe
dienen.
Wenn endlich allen Menschen das Heil der Seele
gepredigt wird;
sie Gottes Liebe schmecken und für ihr falsches
Leben sühnen.
Dann preisen wir den Herrn und zeigen dann, was
Gott ihnen Gutes hat getan!

Der Sinn des Lebens

Als du geboren wurdest, da leuchtete dein Stern besonders
schön,
so meintest du, weil dich des Schicksals Walten wollte
stehen seh'n
im Rampenlicht der großen Welt, wo du als Präsident
regieret hast.
Du spürtest oft den Rausch der Macht in deinen Adern, trotz
der Last,
die dieses schwere Amt dir aufgebürdet und manch
fürchterlicher Sturm
der Gegner und der Medien dich niederdrückte wie ein
Wurm.
So manche Nacht den Schlaf dir raubte, weil die
Entscheidung wie ein Schwert,
des Damokles ob deinem Haupte drohte; trotzdem war es dir
immer wert,
so lange Kraft und Macht dich wirken ließen, des Landes
Wohl mit zu bestimmen;
und sollte nur ein Fünkchen noch der Politik in deinen
Adern glimmen.
Doch manchmal leise, wenn du alleine warst mit dir und
deinem Streben,
da kam die Frage hoch: Was ist der Sinn in meinem
turbulenten Leben?
Dann ließest du nicht zu, dass diese Frage sich ins
Bewusstsein drängte,
weil deine Seele sich mit aller Lust an die Politkarriere
hängte.
Egal, was andere Menschen dachten über dich, nur wichtig
war die Wahl;
Ich muss es wieder schaffen Leute, wolltest du, nur dieses
eine Mal.
Das Schicksal anders es bestimmte, vorbei war alles Ringen.
Selbst Geld, das sonst so half, konnte den Erfolg dir nicht
mehr bringen.

Die Zeit, sie führet dich auf einem Weg, den alle Menschen gehen,
dass sie am Ende allen Strebens vor ihrem Schöpfer müssen stehen.

Als dich, o Mensch, dein Mütterlein mit liebem Blick in deine Wiege legte,
da flatterten wie Feen gleich, die Musen zu dir hin und man erwägte,
dich mit Begabungen der Kunst reich auszustatten und gar imposant zu zieren,
so konntest du im Bilderbuch der schönen Künste ein farbenfrohes Leben führen.
Wie machte es als Kind dir größte Freude, im Beifallssturm der Anverwandten,
den Onkel Fritz zu imitieren, oder Oma Hanna, so dass sie bald erkannten,
dass du so talentiert und viel begabt als Schauspieler sollst dein Glück versuchen.
So kam es dann, dass auf der Bühne und beim Film konnt'st den Erfolg verbuchen.
Man machte dich zum Star auf Brettern, die die Welt für dich bedeuten,
warst prominent, ja dich umjubelte das Publikum, gar viele Preise dich erfreuten.
Das Leben hat jedoch zwei Seiten, auf Schritt und Tritt Reporter dich begleiten.
Sie spionieren aus, was du privat noch machst, um auch die schlechten Seiten
der Kultfigur ans helle Licht zu zerren, damit zerredet werden kann,
von allen Leuten, die es so wissbegierig lesen und sich mit Lust ergötzen dann.
So denkst du manchmal, war es nun der Sinn des Lebens, hier zu stehen,
oder wäre es besser halt für dich gewesen, nach etwas anderem zu sehen.

Denn jetzt nach Jahr und Tag, wo Falten dein Gesicht
umrahmen, wirst du müde;
die Rollen werden mager, und andere, sie stehen lachend auf
der Bühne.
Die Zeit, sie führet dich jedoch den Weg, den alle Menschen
gehen,
dass sie am Ende allen Strebens vor ihrem Schöpfer müssen
stehen.

Für viele Menschen brachte Reichtum Segen, für andere
jedoch nur Fluch,
forscht man mit Weisheit und Verstand in manch' einem
Lebensbuch.
Wie ist's mit dir, dem des Schicksals Füllhorn ergoss des
Reichtums Macht,
hast du nur dich in deinem Rausch gesehen, oder auch an
andere gedacht?
Von Kindheitsbeinen an, da musstest du nie etwas zu
deinem Glück entbehren,
ein jeder Wunsch wurd' dir erfüllt, du brauchtest niemals
dich erwehren,
gegen Armut, Leid und Sorge, denn immer waren Hände
helfend dir zur Seite;
und Stolz erfüllte bald dein Herz, wenn andere sagten: Das
sind reiche Leute.
Im Jugendalter eiltest du zu Feiern, Bällen, Nachtbars,
kapriolen Dingen,
der Sinnen Lüste gabst du voll dich hin, nichts konnte man
dir nahe bringen,
was deine Gier nach dem Extremen, und alles was in deinen
Kreisen in war,
zu stillen und mal Einhalt zu gebieten. Nur Lüge,
Schmeichelei, ja so bizarr,
verrückt war alles doch. Trotz vieler Frauen, keine Liebe,
der Wahrheit fern,
trotz vieler Menschen gab es keine Freunde, die dich hatten
wirklich gern.

Ja, manchmal ekelte dich dieses Leben an, doch weiter kamst du nicht,
nach seinem Sinn zu fragen, erschien dir nur grotesk und einfach fürchterlich,
und auszubrechen schien dir nicht geeignet, denn Reichtum wolltest du nicht missen,
so trieb dein Lebensschiff voran, doch solltest eines du wie alle anderen wissen,
die Zeit sie führet ja auch dich den Weg, den alle Menschen gehen,
bis sie zuletzt nach aller Lust und Freude vor ihrem Schöpfer stehen.

Wie ging es dir, mein lieber Freund? Du sagst, das Leben war nur Sorg' und Mühe;
du lerntest es zu Hause kennen, ja schon in deines Daseins Frühe.
Nur günstig leben und stets sparen, hast du seit deinen Kindheitstagen
erfahren müssen und als du älter wurdest, gab es auf deine vielen Fragen
so manche Antwort, die dich zwar zufrieden stellte, doch wuchs der Wunsch in dir,
ein eig'nes Nest zu bauen, wo du mit deiner Frau und Kindern, drei oder auch vier
harmonisch leben könntest. Du spartest jeden Pfennig, und schuftest ohnegleichen;
du schontest nicht die Kräfte im Einsatz, das Ziel in ferner Höhe zu erreichen.
Dann warst du oben und blicktest stolz herab, dein Glück es schien vollkommen,
denn alles was du wünschtest dir, hast du durch Fleiß und Mühe doch bekommen.
Das schöne Haus, der tolle Job und all' die Annehmlichkeiten waren Preis
dafür, denn alles Ringen und Entbehren, von dem ein Anderer nichts weiß,

hat dich geformt, dass du dein Glück genießen wolltest, denn deine Lieben,

sie sind für dich trotz allen ird'schen Strebens, dein höchstes Gut geblieben.

Doch manchmal straft das Schicksal hart, den, der es wahrlich nicht verdienet hat;

dein Körper ausgelaugt nach all den Jahren, er bricht zusammen und liegt platt.

Der Arzt bringt schonend nahe dir, es ist der Krebs. Du denkst für wen,

war dieses Leben voller Arbeit und Plage, oftmals hart und doch so schön.

Du siehst, auch du gehst auf dem Weg, den schließlich alle Menschen gehen,

bis sie nach ihrem ird'schen Streben dann doch vor ihrem Schöpfer stehen.

So manches Menschenherz ist gleich von Anbeginn ein Tummelplatz des Bösen,

und kann sich dann ein Leben lang nicht mehr von diesen mächt'gen Fesseln lösen.

Im Slum geboren, Brutalität und Tränen, Schmerzen, Hass und steter Kampf,

sind dein Begleiter von Kindheitsbeinen an gewesen, das Leben war ein Krampf,

der dich die ganze Zeit in Atem hielt, dein Aufstieg zeigt nur Spuren von Gewalt.

Dein Ziel war, an der Spitze stehen und selbst Pate sein. Es gab keinen Halt,

selbst Blut, das immer noch an deinen Händen klebt; und Mord, den du befohlen,

hat nie dein Herz berührt. So manchem braven Menschen hast du sein Gut gestohlen.

Du bautest stur mit Zähigkeit das Werk der Sünde und Gewalt , in dem du dann

auch herrschtest wie ein Fürst in Macht und Prunk. Nach außen hin warst du ein Mann,

der ganz solide, als braver Bürger seiner Stadt ergeben stets
zu Diensten war,
von anderen doch unbemerkt, des Gegners sich entledigte,
der ihm im Wege war.
Du spieltest ganz gekonnt den Biedermann, der manchmal
auch gerührt zu Tränen,
wenn seine Tochter traurig war, oder der Beagle krank, das
wollt' ich noch erwähnen,
dann hattest selbst du Züge des menschlichen an dir und
niemand konnte es verstehen,
dass du in andern Fällen auch konntest ganz eiskalt dann
über Leichen gehen.
Doch auch für dich, da schlägt dereinst die Stunde, wo es
Abschiednehmen gilt,
auch wenn sich deine Seele heftig sträubt und sich mit
Angst und Grausen füllt,
Für dich bleibt auch am Ende nur der Weg, den alle
Menschen gehen,
das sie nach ihrem ird'schen Streben vor ihrem Schöpfer
müssen stehen.

Oft bringt ein Schicksalsschlag, die ganze Welt ins Wanken
und vorbei
ist all das Glück. Es liegt in Scherben, zerbrochen, aus der
Traum, dabei
war gar kein Unglück zu erkennen. Doch wie soll's nun
weiter gehen?
Du wünschtest dir, jetzt könntest du in deine nächste
Zukunft sehen.
Doch dunkel, trostlos, erschien das Leben wie ein Tunnel,
ohne Ende;
du hofftest so darauf, doch nirgends sahst du einmal eine
Wende.
Der Griff zur Flasche war gewiss, betäuben wolltest du den
Schmerz,
der Glaube an die Menschheit ging verloren und bitter wurd'
dein Herz.

Du hast getrunken und gelitten, hast gebetet und geweint, doch tiefer,
immer tiefer sankst du hin, der Geist des Alkohols gab kein Pardon, denn rief er,
kanntest du keinen Halt; er quälte dich, dein Körper war schon so zerschunden,
dass selbst vor deinem Anblick du dich ekeltest, du brachtest böse Wunden
dir bei und deine Seele lag erschlagen und Regungen von ihr, die gab es kaum.
Die Halluzinationen war'n erschreckend, und erschienen dir sogar im Traum.
Du hofftest nicht mal mehr, denn Hoffnungslosigkeit, die machte sich nun breit,
nach all dem Übel und dem Elend, wünschtest du dir Erlösung von deinem Leid.
Sie alle hatten dich verlassen, die Frau, die Kinder, keine Freunde waren mehr,
als es zu Ende ging, war'st du allein und trotzdem wünschtest du dir Hilfe her.
Auch du gingst am Ende deines Lebens auf dem Weg, den alle Menschen gehen,
und wusstest, dass du selbst nach diesem Leiden vor deinem Schöpfer würdest stehen.

Was sagen uns die Bilder dieser Menschseelen? War ihr Leben lebenswert?
Worin liegt nun der Sinn in all dem Streben, wenn sich die Seele von dieser Erde kehrt?
Sind Hab und Gut, ein schönes Leben nur erstrebenswert auf dieser Welt?
Was ist mit seiner Seele, dessen Wohl und Wehe der Mensch in seinen Händen hält?
Die Erde ist der Prüfungsstand für dich und mich, es gilt, sich darin zu bewähren,
und seinen Blick vom Irdischen hinauf zum Himmelreich, zum wahren Licht zu kehren.

Der Wille Gottes ist und darin liegt der tiefe Sinn des Seins
und der Bestimmung,
zurückzukehren ins göttliche Leben, den Weg der
Sinnesänderung und der Bekehrung
zu gehen, im Erkennen seines bösen Trachtens innehalten
und suchen alle Gnaden,
die Gott anbietet auch in uns'rer Zeit durch seinen Sohn will
heilen allen Schaden,
was durch sein Opfer möglich, und dessen volle Kraft er
legte in die starken Hände,
seiner Apostel damals wie auch heute, in seinem Auftrag
wirken bis ans Ende,
welches der Herr bestimmt. Sie führen diesen Kampf, trotz
aller Macht des Bösen,
zu helfen allen Menschen, die gewillt sind, in das neue
Leben des himmlischen Wesens;
hineinzukommen, und die Liebe Gottes zu erleben, im
Glauben fest zu schauen,
in seinem Herzen die Kraft zu spüren, und seinem Wort in
voller Hoffnung zu vertrauen.
Nur das allein ist für uns Menschen hier der Sinn des
ird'schen Lebens,
birgt ein sel'ge Zukunft dir und mir, am Ende uns'rer
Erdenzeit und allen Strebens,
wenn wir voll Dankbarkeit und Freuden dann vor unser'm
Schöpfer können stehen,
und mit den Sel'gen und Gerechten in uns're ewige Heimat
werden gehen.

06. März 2000

Die verlorene Botschaft

Alle Jahre wieder kommt das Christuskind,
tönt es fein und lieblich stets zur Weihnachtszeit.
Menschen suchen, kaufen; eilen heim geschwind
durch gefüllte Straßen, einzeln oder auch zu zweit.
Wie die Kassen klingeln und der Umsatz steigt,
auch dies' Jahr soll's Geschenke geben.
Doch mancher, der tief nachdenkt, schweigt,
fragt nach dem Sinn für dieses Streben.

Lichter werden angezündet, Tannengrün und
Kerzenduft;
Leckereien, schöne Sachen, trotzdem Arbeit nur und
Stress.
Alle wollen nur verkaufen, und der Weihnachtsmarkt,
er ruft.
Jedes Jahr die gleiche Leier, jedes Jahr das gleiche
Fest.
Ist das nun der Sinn von Allem, bringt es die
Zufriedenheit?
Was ist mit der Weihnachtsbotschaft, die die Engel
einst gebracht?
Sandten sie zur Erde nieder, nicht nur für die
Christenheit,
da sie damals offenbar wurd'; aber wieder ist es Nacht.

Wo ist der Friede in den Herzen, wo die Liebe Gottes
nur?
War das alles nur Geschichte für die Hirten auf dem
Feld?
Denn die Botschaft sollte zünden, zeichnen eine tiefe
Spur
in den Herzen aller Menschen, hier auf dieser Welt.
Frieden anstatt Krieg und Tod, BSE und solche
Sachen,

Licht und Wärme, volle Wahrheit - anstatt Lüge und
Betrug.
Wie viel Freude könnten wir uns gegenseitig machen,
von dem Anderen, da haben wir auf Erden schon
genug.

Doch die Menschen wählen lieber Bitterkeit und
Finsternis,
das Wort der Wahrheit ist nicht gut für ihre Ohren.
Bei all dem, was die Herzen anfüllt, scheint gewiss,
die echte Weihnachtsbotschaft, ja - sie ging verloren.
Doch wem im Herzen noch ein Funke dieser Liebe
glüht,
der zünde an das Licht des Lebens und der Kraft;
so dass es hell erscheint und alle Finsternis entflieht,
und wieder neue Menschen in uns schafft.

01. Dezember 2000

Gedenke des Herrn

Schwimmst du im tiefen Glück und hast Erfolg im
Leben,
könnt'st du vor lauter Seligkeit im höchsten
Himmel schweben;
dann denke d'ran im schwindelnd hohen
Rauschgefühl,
dass dieses alles nicht von selbst vom Himmel fiel.
Des Vaters Liebe hat den Weg für dich geebnet,
des Segen's Füllhorn ausgeschüttet und dein Werk
gesegnet.

Führt' dich die Hohe Schule Gottes einmal in des
Trübsals Ofen,
gab es bei allem Leid und Schmerz kein Fünklein
mehr zu hoffen;
verzweifle nicht und denk an Hiob's hohe
Lebensschule,
auch wenn das Unglück fest sich krallt und dich in
seinem Elend suhle.
Blick hoch empor, ergreif die Hand des Herrn, die dir
geblieben,
erkenn', was Gott dir Großes gab, dich als sein Kind
zu lieben.

Treibt dich die Jagd umher, nach ird'schem Reichtum
stets zu hetzen,
das irre Tempo uns'rer Zeit lässt dich nur hektisch zu
Terminen flitzen.
Kaum ist es möglich, Luft zu holen oder sich auf
schöne Dinge zu besinnen,
geschweige denn, der Hetze dieser Zeit für immer zu
entrinnen.
D'rum lern der Seele Seligkeit und Heil für deine
Ewigkeit zu schaffen,

bevor's der Macht der Finsternis gelingen mag, dein Leben hinzuraffen.

Und sollte Müßiggang den Lebenslauf bestimmen und dich träge machen,
dass Langeweile dich zu Tode quälen könnte, dann gälte doppelt es zu wachen,
damit dein Lebenslauf erfüllt wird mit viel Licht und Kraft und einem tiefen Sinn,
der dich aus Oberflächlichkeit herausführt zu der wunderbaren Quelle hin,
dass du den Sinn des Lebens kennen lernst und deine Zeit auch richtig zu verbringen,
das große Ziel sehen, das Gott den Menschen gab, und es auch ewig zu erringen.

So mag das Leben uns auf lichter Bahn oder auch durch dunkle Tiefen führen,
wir sollten lernen, allezeit die Hand des Herrn zu fühlen, und uns nicht genieren,
vor den Menschen uns'rer Zeit dankbar lobend ihn als uns'ren Retter nennen,
und seinen Namen vor dem größten Zweifler triumphierend zu bekennen.
Denn alle leben sie von seiner tiefen Güte und von seiner Gnaden Licht,
vergiss den Herrn nicht, und gedenke sein, denn alles andere hilft dir nicht!

(nach Worten des Stammapostels Richard Fehr aus einem Gottesdienst)

16. Mai 2000

Güte

Wenn du dich elend fühlst, von aller Welt verlassen;
tieftraurig bist und könntest dich wohl selber hassen.
Wenn Sorgen und Probleme dich beängstigend
umklammern,
dein Herz nur kraftlos stöhnt, entsetzt und voller
Jammern.
Wenn du durch Tränen kaum die Umwelt kannst
erkennen;
kein Wort des Trostes und der Liebe will sich an dich
wenden.

Dann schau empor, zu deinem Vater und Gott
und ruf ihn an in deiner großen Seelennot!
Er ist es, der dich kennt und liebt und auch versteht.
Auch wenn darüber eine kleine Zeit vergeht.
Er blickt dich an in seiner große Güte;
und rührt dich an mit lieblichem Gemüte.
Ein Sonnenstrahl des Trostes trifft dich tief ins Herz;
verbindet deine Wunden und heilet deinen Schmerz.

Du schaust empor, dir ist, als sähest du sein liebes
Angesicht
du fühlst, dass er durch seine Liebe ganz zärtlich zu
dir spricht.
Wie groß bist du, o Gott, o Vater allen Lebens, aller
guten Gabe,
wie glücklich bin ich, dass ich dich doch habe.
Dein Kind zu sein ist so beglückend schön,
ach könnten das nur alle Menschen seh'n.
Sie würden aller Finsternis entfliehen - nur um bei dir
zu sein,
sich deiner Gegenwart und deiner Gnade zu erfreu'n.

Gib' Vater, dass die Menschen, die ich liebe
auch dich erkennen können aus reinem Triebe.

Dass sie auch deine Güte und Gnade können schmecken
und du des Geistes Trieb in ihnen kannst erwecken.
Damit aus Tod und Schmerzen und Verdammnis dann
sie ganz erlöst dein lieber Sohn ins neue Leben führen kann.
Wie wird es sein, wenn wir dann alle deine Güte loben
dich sehen können wohl bei dir dort droben.

Wer kann die Liebe Gottes gar so tief ermessen,
als solche, die so oft ganz unten sind gesessen.
Sie schätzen deine Liebe über alle Maßen,
daß du sie geführt hast auf des Lebens Straßen,
aus Trübsal, Finsternis, Schmerzen und Tod
aus allem Übel und aus jeglicher Not.

Neues Leben

Du liegst so still in meinen Armen,
ein kleines Bündel Leben.
G'rad einen Tag bist du auf dieser Welt
und kannst schon so viel geben,
wenn eilends huscht ein scheues Lächeln
im Schlaf um deinen süßen Mund;
wenn fordernd kräht dein zartes Stimmchen:
„Ich habe Hunger, fast zu jeder Stund",
und du dann satt, mit Wohlbehagen,
schläfst ein in deiner Mutter Arm.
Dein kleiner Körper sprüht vor Leben,
er fühlt sich an, so weich und warm.
Wie kunstvoll bist du doch bereitet,
von deinem Schöpfer, liebes Kind.
Es ist doch wie ein kleines Wunder,
das man so selbstverständlich find't.
Du wirkst so zart und so zerbrechlich,
doch bist du voller Lebenskraft.
Und die Entwicklung wird es zeigen,
was du noch mit den Jahren schaffst.
Nur eines konnt' man dir nicht nehmen,
der Sprung ins Leben hat dich nicht befreit.
auch du wirst eines Tages sterben,
als Abbild der Vergänglichkeit.

Zwei Hände legten heute sich
auf deinem kleinen Haupte nieder.
ein Donnerwort erschallte laut,
und gab die Allmacht Gottes wieder.
Nimm hin, mein Kind, den heil'gen Geist
und sei erfüllt mit neuem Leben.
In Knechtsgestalt hat heut der Herr
dir eine wundervolle Kraft gegeben.

Du bist ein Gotteskind und das fürwahr,
hast durch Apostelmund den Bund erhalten;
das Gnadenlicht scheint hell und licht;
und will dich bei den Händen halten
Bleib' treu mein Kind an Jesu Hand,
und lass dich durch das Leben leiten.
In all den Jahren wirst du's fühlen,
da wird die Liebe dich begleiten.
Und geht die Bahn auch manchmal steil
nach unten, dass du könnt'st verzagen.
Ring' um den Sieg, sieh seine Kraft,
mit dieser kannst du alles wagen.
Dann wird das Leben ewig sein,
auch wenn du müsstest einmal sterben.
Denn die Herrlichkeit im Licht,
kannst du nur mit Christus erben.

27. April 1999

In unserem neuapostolischen Glauben gibt es drei
Sonntage im Jahr, in denen in unseren Gottesdiensten
besonders für die Verstorbenen gebetet wird und
ihnen Hilfe zu Teil werden kann.
In den nachfolgenden Gedichten habe ich Bilder von
Menschen gezeichnet, die manchmal unverhofft vom
Diesseits ins Jenseits abberufen wurden, und die ihren
Seelenzustand erkennen und Hilfe von Gott und Jesus
Christus erbitten. Denn nur Gott kann ewigen
Seelenschaden heilen und die Dinge für die Menschen
zum Heil verändern.

Verpfuschtes Leben

Jugendlicher:

G'rad neunzehn war ich, als es galt die Erde zu
verlassen.
Blick ich zurück, so kann mein Leben ich nur
hassen;
obwohl so kurz, war es voll Qual und Pein,
wie tief sank ich in diese Sucht hinein.

Als kleiner Junge wohl behütet und geliebt,
hatt' ich ein Heim wie's schöner keines gibt.
Doch lauern außerhalb auch die Gefahren;
wie wahr das ist, das sollt' ich bald erfahren.

Mit zwölf, war es aus Neugier oder falscher Scham;
ein Klassenkamerad mich an die Seite nahm;
probier mal hier, ein echtes Top-Gefühl;
der erste Haschgenuss war für mich viel zu viel.

Ich würgte, spuckte und der And're hat gelacht
und kurz darauf hat er mich wieder angemacht.
Erst wollt' ich nicht, doch hatt' ich keine Kraft;
und immer wieder hab ich Hasch gepafft.

Bald wollt' ich mehr und konnt' es nicht mehr lassen;
so spritzte dann voll Gier ich auch die harten Sachen.
Oft fiel ich aus dem Trugbild falschen Glücks und
Träumerei
ins wahre Elend meiner Sucht; ach wär' es doch
vorbei.

Hab oft geschrie'n voll Schmerzen und voll Leid,
und eines Tages war es dann soweit.
Der „gold'ne Schuß" bracht keinen Frieden mir.
Nein, schlimmer leide ich wie viele and're hier.

Drum ruf ich laut, vergesst uns nicht,
ihr Glücklichen in Gottes hellem Licht;
ach betet, ruft und ringt für uns're Seelen;
dass endlich endet unser fürchterliches Quälen.

Auch wir hier haben sehnendes Verlangen
in Liebe unser'm Heiland anzuhangen;
wir zehren uns nach seiner Liebe Blick
und wünschen uns ein heiles, ew'ges Glück.

Kind:

Des Menschen schönste Gabe ist das Leben;
drum freu sich der, dem sie von Gott gegeben.
der durch der Eltern inniger Liebe wurd'
und kam trotz Schmerzen dann auch zur Geburt.

Die Möglichkeit, durch Gottes gnäd'ges Walten
sein Leben froh und in der Freiheit zu gestalten,
war mir verwehrt, da Menschen dunkler Sinn,
nicht wollt, dass ich geboren bin.

So fehlte mir von Anbeginn die Liebe,
ein fühlend Mutterherz, das mir aus reinem Triebe
Geborgenheit geschenkt und sorgend mich umgeben;
und jeden Schritt bewacht in meinem jungen Leben.

Tieftraurig bin ich, und durch mein Herz
ein Stich mir geht, da ich erseh'n in meinem Schmerz
ein Mutterherz, das zärtlich mich liebkost
in meiner Qual mir schenkt den süßen Trost.

Ich hab gehört, dass Jesus liebt die Kleinen
und ihnen Freude schenkt für all ihr Weinen.
Drum seh'n ich mich nach Gnad und Frieden;
und wende mich an Euch hienieden.

Dass euer herzliches Gebet und Flehen
den Weg mir ebnet, und dann kann ich gehen
durch Gottes Gnade in ein neues Land,
da er mir schenkt des Geistes Unterpfand.

So wird mein Glück vollkommen sein;
vergessen ist dann Angst und Pein.
Durch Gottes Gnad' und der Gebete Kraft
erlang ich nun die Gotteskinderschaft.

Geschäftsmann:

Von hier erscheint mein Erdenleben wie ein böser
Traum.
Es für die Ewigkeit zu nutzen, gab ich ihm keinen
Raum.
Nur Streben nach Erfolg, Karriere und Profit
bestimmten all mein Denken seit meiner Jugend mit.

Von frühen Kindesbeinen, ja in der Schule schon;
da gab es nur durch Streben den heiß ersehnten Lohn.
„Du sollst mal etwas werden", hat Vater oft gesagt,
„und niemand kann bestehen, der nicht den Einsatz
wagt."

So hatt' ich früh begriffen, wer kämpft, erhält den
Sieg;
die Sucht nur nach Karriere mich immer weiter trieb.
Wild, rücksichtslos und voller Härte,
erkämpft' ich mir die heiß geliebten Werte.

War angesehen und von Frauen sehr begehrt,
konnte mir leisten, was das Herz nur begehrt.
So flossen die Jahre, ich spürte es kaum;
doch auf einmal war er aus, der Traum.

Sie hatten einen schweren Herzinfarkt,
der Arzt sprach wie einer vom Börsenmarkt.
Nur Ruhe und Besinnung und Rehabilitation;
die vielen Ratschläge, die kannte ich schon.

Doch bald war ich wieder im alten Metier,
trotz Arbeit und Stress fühlte ich mich O.k.
Eine kurze Zeit lief es auch, oh'n alle Müh',
dann geschah es wieder, es war in der Früh'.

Nun war es das Ende vom irdischen Streben;
was hatte ich geschafft in meinem kurzen Leben?
Leer und enttäuscht, stellte ich nun fest;
dass Streben nach Karriere gab mir den Rest.

Ich sehe nun ein, es war doch verkehrt,
das Streben nach Ruhm und Erfolg hat alles zerstört.
Nun hoff' ich auf Gnade von Jesus Christ,
dass er auch mein Erretter und Erlöser ist.

Auf Hilfe von Euch, die ihr auf Erden erkannt,
und Euer Herz ganz dem Herren zugewandt;
zu beten und ringen, dass auch wir werden befreit,
um zu erreichen die schöne Herrlichkeit.

Atheist:

Aufgewachsen bin ich in einer Welt,
worin der Mensch allein nur zählt.
Was er geschaffen in Tausenden von Jahren,
das galt es als das Höchste zu bewahren.

Für einen Gott, da war kein Platz.
Die Evolution und die Materie war unser Schatz.
So hatte ich über die Gläubigen meinen Spott,
und fragt' oft lachend: wo ist denn ihr Gott?

Als junger Mann im Kampf und im Krieg,
wünschte ich nur unserer Sache den Sieg.
Sah' Elend, viel Jammer, viel Blut und den Tod;
fragte manchmal heimlich: wo ist nun ein Gott?

Wir errangen den Sieg durch unsere Macht,
haben dann nur an unseren Aufbau gedacht;
formten die Menschen nach unserem Sinn,
für Glauben und Gott war da nichts mehr drin.

Die Kirchen geschlossen und umfunktioniert,
haben wir uns damals nicht geniert,
nur unserem Land und der Idee galt unser Streben;
nach dem Tod gab es für uns kein Leben.

Doch als ich dann selber betroffen war,
von der Erde gehen musste im letzten Jahr;
da musst' ich erleben, ich existiere ja doch,
mein Aufenthalt war ein finsteres Loch.

Mit Schrecken erkannte ich nun die Gefahr,
wie verpfuscht mein irdisches Leben doch war.
Voller Angst zagt' ich vor Gottes Gericht,
wenn ich einst müsst' vor sein Angesicht.

Doch da kam eines Tages zu uns ein Mann,
der bot uns die Liebe des Heilandes an.
Er sprach von Vergebung und Gnade,
für mich würd' es nicht sein, wie schade!

Es gilt auch für dich, sprach er mir zu,
aus seinem Blick strahlte Frieden und Ruh;
nun begann ich zu hoffen auf Gottes Erbarmen,
es gab noch eine Hilfe für mich Armen.

Ja, auch auf Erden gibt es eine Schar,
die allezeit in des Herrn Nachfolge war.
Die nicht nur glauben und beten für sich,
nein, auch für die anderen - und für mich.

Nun schau ich den großen Reichtum in Gott,
vorbei ist die quälende seelische Not;
ich lobe und preise seine Gnade und Liebe,
ach, das sie für immer in allen Menschen bliebe.

Was gäbe ich...

Was gäbe ich, wenn ganz mein Blick dich könnte schon erfassen,
im hehren Sonnenstrahl, du himmlisches Jerusalem.
Wenn meine Füße tragen würden mich auf deinen gold'nen Gassen,
und Jauchzen würd' mein Herz erfüllen, ach wie schön.
Wenn in den Mauern dieser Stadt ein glücklich Lachen würd' erklingen,
von vielen abertausend Seelen, die das neue Lied dann singen.

Was gäbe ich, wenn uns der Herr mit lauter Stimme würde rufen,
und wir im neuen Kleid der Seele ihm entgegen zieh'n.
Wenn dann wir lauschen in der Ewigkeit an seines Altars Stufen,
das letzte Mal der süßen Gnade sich geben alle Seelen hin.
Vollkommen dann, als reine Braut im schönsten Schmuck erkoren,
zieh'n wir dann ein, Jerusalem, und steh'n in deinen Toren.

Was gäbe ich, wenn dann das große Tor zur Herrlichkeit,
weit öffnet sich und hellstes Licht durchflutet unsere Seele.
Wenn wir den Schöpfer allen Lebens seh'n in seiner Heiligkeit,
voll Ehrfurcht und Anbetung tief gebeugt, erzittert jede Seele.
Wenn wir voll tiefster Dankbarkeit in seinen lieben Augen sehen,

den Weg zum Ziel, den jeder hier auf Erden musste
gehen.

Was gäb' ich drum, doch wandern wir noch mühsam
über diese Erde,
wir kämpfen noch und beten, und ringen alle um die
Würdigkeit.
Den Glauben meines Herzens gebe ich, damit das Ziel
Gewissheit werde,
Vertrauen will ich geben, und folgen, bis es endlich ist
soweit.
Der Liebe will ich hin mich geben, bis sie durchdringt
das ganze Sein,
und wir mit allen, die voll Sehnsucht strebten, in's
ew'ge Zion ziehen ein.

21. Mai 2000

Weihnachten heute

Als du, o Herr, vor fast zweitausend Jahren
auf Erden zu uns Menschen bist gekommen;
hast du schon früh die Bitterkeit erfahren,
nur einen Stall als Wohnung konnt'st bekommen.
Doch sehen wir am heut'gen Weihnachtsfeste,
dass viele Wohnungen für dich sind nun bereit;
die Gotteskinder gaben dir dafür das Beste,
sie haben ihre Herzen zum Tempel dir geweiht.

Die Botschaft brachten Engel aus der Höhe
den Hirten, die in kalter Nacht gewacht.
Sie fühlten plötzlich Gott in ihrer Nähe
und haben lange noch daran gedacht.
In unserer Zeit die Engel von dem Sohne
als Seelenhirten ihren Dienst erfüllen.
Die Botschaft der Vollendung sie als Krone
den Menschen reichen nach des Vaters Willen.

Aus fernen Ländern kamen auch drei Könige,
um dich zu sehen, Herr, und zu erfreu'n.
Sie brachten Gold dir, Weihrauch und auch Myrrhe,
die ein Geschenk des Dankes sollten sein.
Doch heute gibst du König Jesus selber
durch die Apostel Augensalbe und auch Gold.
Schmückst deiner Braut die reinen weißen Kleider,
damit ihr Anblick für dich lieb und hold.

Als du das erste Mal in diese Welt gekommen,
da war'n es Wenige, die darauf sich gefreut.
Es waren Einzelne, die damals sich besonnen;
ach der Messias kommt, wann ist es denn soweit?
Herr, heute ruft dein Volk mit ganzer Seele
im Diesseits und auch in der Ewigkeit;
ach gib, dass nun auch keiner fehle,
Herr komme bald! Wir sind bereit!

Wer klopft an meine Tür?

Wer klopft an meine Herzenstür?
Ist es das Glück?
Zu bringen Freude, Lachen, Wohlsein mir,
die schöne Zeit zurück?
Genießen will ich's und ganz tief versenken!
Was kann es mir doch Wunderschönes schenken?
Betroffen halt ich inne! Ist nicht in jedem Glück auch
Unglück stets enthalten?
Kann nicht Gewohnheit, Undankbarkeit sich darin
auch entfalten?
D'rum will ich auf der Hut sein und stets wachen,
damit die Dankbarkeit erhält des Glückes Lachen.

Wer klopft an meine Herzenstür?
Ist es das Leid?
Zu bringen Sorgen, Tränen, Herzensweh?
D'rum schlag ich zu die Tür, wenn ich's nur seh.
Doch zaghaft drängt sich mir auch der Gedanke auf,
packt nicht der Schöpfer auf das Leid noch etwas
Trost mit auf?
Der Tiefgang jeder Leidensschule läutert, macht uns
frei von Tand;
wir greifen wieder willig nach des lieben Vaters
Hand.
D'rum steckt in jedem Leid auch etwas von dem
Glück
des Trostes, denn es gibt auch einen Weg zurück
in Freude, Sonnenschein und neues Leben,
d'rum will dem Leid die Tür ich öffnen und seinen
Platz ihm geben.

Wer klopft an meine Herzenstür?
Ist es das Leben?
Zu öffnen das Füllhorn des Wachstums, des Erfolges
und aller Lebenslust,

dass voller Freude, Jauchzen und Übermut sich füllt die Brust.

Herein! Willkommen bist du mir an jedem neuen Morgen,

was kümmert mich das Leid der Anderen, hinweg mit ihren Sorgen.

Ich will nur leben, leben und jeden Augenblick mich hin ihm geben.

Doch halt' ich inne! Zu schnell rauscht mir das Blut wie Sekt durch meine Adern,

es ist, als will das Schicksal die Freude dämpfen, ja mit mir hadern.

Auch leben will gelernet sein, mit Klugheit und Bedacht will ich's erringen.

Denn ist's dem Ende nah, kann's nur den Tod mir bringen.

Wer klopft an meine Herzenstür? Ist es der Tod?

Mal kommt er sanft, mal schrecklich brüllend dringt mit Macht er ein,

zu bringen Tränen, Schmerzen Angst und große Pein.

Vergeblich sucht der Mensch den Trost, der eiligst ihm entflohen;

denn dumpfe Trauer krampft sich in das Herz; vorbei sind nun die frohen

Stunden sel'gen Lachens, aller Freude, die es jemals hat gegeben.

Was wollen all die Menschen um mich ´rum, was gilt mir jetzt ihr Leben?

Da bricht ein Sonnenstrahl durch alle Finsternis, durch tiefes Leiden,

es bringt die Wende mir, bringt wieder neue Freuden.

Es ist die Liebe, Gottes Liebe, die niemals hat mich aufgegeben,

möcht' schenken mir und allen, die es wollen, ein ew'ges Leben.

30. März 2005

Gedichte in plattdeutsch

De Senioren-Chor

Wat hett de Preester eben seggt?
De Nahber in de Bank hört slecht.
Dat geiht so fix, heff nich verstah'n;
nu is he wedder fardig war'n.

Een lütte Jung, de sitt daneben
sien Steert will keene Ruhe geben.
he ruschelt hin, he ruschelt her,
ik glöv, dat gifft fast een Malheur.

Vun annern Siet, da flüstert man
to'n Nahber, de nich hören kann.
De oole Lüüd wüllt för us singen
un us een beten Freude bringen.

De Nahber nickt un grient dorbi;
de Jung, de seggt: ik mutt Pipi.
Sien Modder kräht: nu is keen Tied,
de Gottsdeenst is glicks sowiet.

Nu is de Dag, ja so as hüüt;
de Kark is vull von all de Lüüd.
De sin gespannt un ok ganz Ohr,
wat singt woll de Senioren-Chor?

De Dirigent summt an den Ton,
da singen ok de Lerchen schon.
Dat tönt in dur, un tönt in moll,
de Atmosphär is wunnervull.

Se trällern bannig mit Gefühl
so veer, fief Lieder ganz mit Stil.
Doch as dat kümmt to den Choral,
da ward dat ruhig innen Saal.

De Johann, kan nich richtig keken,
he mut dat nu noch mal versöken.
Doch singt he inne tweete Rieh,
un makt dorbi een Moordsgeschrie.

Un Anni hett sich nu verschluckt,
bald ihre nüüe Tehn utspuckt.
Nu kichert do de halfe Sopran;
man fängt noch mal von vorne an.

So mittendrin mit Tremolo,
de Lotti jodelt dann so froh;
de leve Gott sei Lob un Ehr,
wat kiekt de Dirigent nu her?

De winkt mit siene grooten Hännen,
nu bring dat Jodeln mal ton Ennen.
Doch Lotti singt ut fullem Harten,
de Dirigent kann lange warten.

Dat Publikum freid sich ganz dull,
un klatscht dato ganz wunnervull.
So'n Singen makt doch bannig Spoß,
un endlich is ok mal wat los.

To'n Afsluß speelt de Orgel leise
een ganze seute Heerderweise,
un man snackt, un kiekt, un lacht;
as vergnöögt doch so'n Gemienschaft
macht.

Dann is de Sangestied vorbi,
un Sluß is nun mit dat Geschrie.
Un all de Lüüd springt wo een Fahlen,
um sik den besten Platz to halen.

Dat Beste an de Dudelie,
is, wenn dat Singen dann vörbi.
Wenn se sitten und quasseleer'n,
un sik de besten Döntjes up smeern.

Mit veel Koffee, Keks un Köken
wüllt wie dat nu ok versöken.
Noch veel Pläsier wünsch ick to'n
snacken,
wüllt us een beten Freud noch maken.

O Vader in Heven

O Vader in Heven,
ik föhl mi manchmal so alleen.
Dann wünsch ik mi so bannig,
bi di to sien.

O Vader in Heven,
wat schall ik di bedüden,
dat du mi nich verlaten hest,
un willst mien Seel behöden.

O Vader in Heven,
wie grooß is doch dien Leevde.
Dat ik durch Jesus, dien Söhn,
nu warden kann dien Fründ.

O Vader in Heven,
wat schall ik di nur geven?
Ik glööv, dat is mien Harte,
dat ik kunn ewig bi di leven.

O Vader in Heven,
ik will di nur noch danken,
dat ik in miene Levenstied,
im Gloven nümmer kööm in't Wanken.

08.04.20005

Gedanken über das Leben

Gedanken über die Schöpfung...

Unendliche Weiten des Universums beherbergen
Milliarden von Sonnensystemen mit unzählbaren
Sonnen und Sternen.
Herausgehoben aus dieser grandiosen Fülle vieler
gleicher und ähnlicher Gestirne, ein wunderbares
Juwel, - der blaue Planet - unsere Mutter **Erde**.
Majestätische Gipfel bis hoch in die Wolken,
dunkelste Tiefen der Ozeane und grüne, fruchtbare
Kontinente sind Heimat für all die unzähligen
Geschöpfe, die aus deinem ewigen Schöpferwort
entstanden sind - o Herr, majestätischer Schöpfer.

Über Allem hast du ein Wesen gestellt, dem deine
ganze Liebe gilt.
Ihm gabst du den Auftrag, alles Leben und alle
Geschöpfe zu benennen, fruchtbar zu sein, sich zu
mehren und das Land zu säen und zu bebauen, - den
Menschen.
Du hast ihn nur ein wenig unter dich gestellt, hast ihn
mit köstlichen Gaben ausgestattet und ihm Forscher-
und Erfindergeist gegeben. So ist sein Bestreben,
immer tiefer in das Geheimnis der Schöpfung
einzudringen.
Du hast seiner Seele Empfindungen gegeben, im
tiefen, kindlichen Glauben mit dir in Verbindung zu
treten und in der Stille, im tiefen, gläubigen Gebet mit
dir zu reden.

Wäre er weise genug gewesen, die Probezeit im
Garten Eden zu bestehen, der Versuchung des
gerissenen Lügengeistes zu widerstehen und ihm nicht
blindlings in die Falle zu laufen,
es wäre nicht auszudenken, wie schön die Erde gebaut
worden wäre, wie harmonisch und friedlich die
Menschen miteinander und mit Gott gelebt hätten.

Doch Elend, Angst, Krankheit und Tod waren die Folge seines Ungehorsams, eines Ungehorsams gegenüber Gottes Geboten, die ihn heute in einen Zustand gebracht haben, aus dem er selber niemals entrinnen kann; bei aller Genialität, bei allem Forschungsdrang, bei aller Intelligenz - er ist und bleibt ein Sünder, an dessen Verhalten nur der Tod klebt.

Seit dieser Fehlentscheidung geht Gott dem Menschen in seiner Liebe nach.
Dieser hat es meistens nicht verstanden, was er eigentlich wollte.
Doch gab es genug Menschen in der Menschheitsgeschichte, die sich von seinem Geist inspirieren, befruchten ließen.
Sie erkannten seine Liebe, ergriffen das Heil für ihre Seele und versuchten es anderen zu vermitteln.

Gott selbst griff ein in das Menschengeschehen, um ihn aus der Sünde, aus dem Tode herauszuführen.
So war seine größte Erfüllung der Menschenliebe die Sendung seines lieben Sohnes J e s u s   C h r i s t u s .
Dieser bewies seine Liebe zu Gott und den Menschen in seinem gewaltigen Opfer, das Zahlungsmittel für die Sünden aller Menschen, welches - ewig gültig - geworden ist.
Doch wie sollte es weitergehen? Wie sollten die Menschen Nutznießer dieser großen Lebenshilfe sein?
Er, der Herr, hat sie in die Hände seiner Männer, - der Apostel - damals wie heute hineingelegt.
Wie drückt es Apostel Paulus so wunderbar aus: Dass ich Christo eine reine, geheiligte Braut entgegenführen könnte.

Diese Arbeit hört nicht auf bis zum Kommen des Herrn.

An seinem Tag, dem Tag
der Ersten Auferstehung
(Offenbarung 20, Vers 6)

wird er die Ernte einfahren. Seelen, die seinen, den
von ihm gesandten Männern geglaubt haben und
durch Aufnahme und Handeln in seinem Wort einen
Zustand erreichten, der ihnen durch Gottes Gnade die
ewige Verbindung mit Gott und Jesus schenkt.

Und Gott spricht in der Offenbarung: Und es wird
eine neuer Himmel und eine neue Erde sein, dass man
der vorigen nicht gedenken, noch sie zu Herzen
nehmen wird. Und Gott wird bei ihnen wohnen und
sie werden sein Volk sein.

Das ist der Ausdruck der Liebe Gottes für dich und
mich. O Mensch, willst du es auch? Das Ziel alles
Seins ist nicht das irdische Streben nach irdischen
Reichtümern.
Das Ziel ist die vollkommene Gemeinschaft mit dem,
der für uns diese wunderbare Erde gemacht hat, zu
unserem Heil, zu unserem Wohl....

Wenn es wohl noch von Vielen erkannt würde....

19. Mai 2000

Gedanken im Herbst.

Der Nebel liegt wie ein weicher Wollteppich auf dem Boden und hüllt ihn verheimlichend, vor neugierigen Blicken versteckend, mit Wohlbehagen ein.

Der Weg vor mir, sonst klar und Richtung weisend, mir sagend und zeigend, wohin mein Fuß schreiten soll, entzieht sich meinen Blicken wie ein lichtscheuer Geselle, der die Begegnung mit anderen fürchtet.

Die Bäume, wie aus dem Nichts herausragend, blicken fragend mich an, als wenn sie mir ein Rätsel abfordern wollten.

Ist nicht oft der Pfad des Lebens gleich diesem Bilde, das sich mir nun darbietet. Verschlungen, versunken wie einst das sagenumwobene Atlantis. Nicht preisgebend die kleinen Geheimnisse menschlichen Erlebens, Fühlens und die großen Begebenheiten so mancher tiefer, prägender Schicksale?

Und doch lehrt die Erfahrung des Lebens, das Licht, dass die Sonne den Schleier der Verborgenheit auflöst und den Nebel in ein Nichts sich verkriechend, mit Macht und Majestät vertreibt.

So werden auch die Schicksale der Menschheit aufgelöst durch den Sonnenstrahl göttlicher Bestimmung und seines lieblichen Waltens.

Die Macht der Liebe, geboren aus Gott, sich den Menschen darbietend in der Versöhnung in Jesus Christus ist der Schlüssel, der die vielen Pfade menschlichen Leidens, des sich Verzehrens nach dem Sinn des Lebens aufschließt und die vollkommene Antwort auf alle Fragen des Warum gibt und mit großer Sicherheit und leuchtender Klarheit erhellend, die Dinge so darstellt wie sie eigentlich immer waren und wie sie am Ende alles Seins sein werden.

Auf alle Fragen wird es eine Antwort geben. Alle Antworten werden ihren tiefen unauslöschlichen Sinn haben. Entscheidend ist, wofür sich der Mensch in seinem irdischen Leben entschieden hat.

Auch wenn sein Lebensweg oft Nebel verhangen, dunkel, sinnlos und nichts sagend schien. Ein Blick in die Sonne, in das Licht göttlicher Gnade und Liebe erhellt die Seele des Menschen und lässt aus tiefster, Tod bringender, zerschmetternder Trübsal in höchste, glückseligste, Licht erfüllte, erkennende Gipfel hinauffahren, die das Menschenherz bis in alle Fasern menschlichen Seins erfüllen: die Lobpreisung göttlicher Liebe und Gnade.

O, welch eine Liebe, welch ein Erbarmen - dass sich Gott in seinem Sohne und in seinem heiligen Geiste dieser durch Verführung und Sünde verdorbenen Menschheit angenommen hat.

Er, der in aller Majestät und höchster Reinheit und Größe über alle Sonnen und Himmel herrscht, erbarmt sich in tiefer, zärtlicher Liebe seiner Schöpfung und wird doch so wenig erkannt, so oft verstoßen; in brutalster Weise abgelehnt, gemieden, verurteilt, beschimpft und als nicht real existierend dargestellt. So ist es eines der größten Wunder, dass diese Liebe noch nicht aufgehört hat, sich der Menschen zu erbarmen. Er ist sich dadurch selber Beweis seiner göttlichen Majestät und seiner über alles regierenden Festigkeit und Treue.

Seine Wahrheit strahlt hell und erleuchtend durch das ganze Universum und schlägt mit dem Schwert göttlicher Klarheit die Verschlagenheit und Tod bringende Sündhaftigkeit satanischen, niederträchtigsten Verderbens. Die gewaltigen Heerscharen der göttlichen, dienstbaren Geister in der Engelwelt werden die finsteren Kreaturen teuflischer, missgestalteter Dämonen in einer gewaltigen, entscheidenden Schlacht besiegen und die vollkommene Herrschaft Gottes bezeugen.

Dann wird nach göttlicher Verheißung und nach seinem wunderbaren, sich erfüllenden Plan eine neue Welt entstehen. Eine geistige ewige Welt wird Heimat für die vielen, vielen verlangenden, von Gott geliebten Seelen sein, die dann in ewiger friedvoller, herrlicher Gemeinschaft mit Gott, dem Vater, dem Sohne und dem heiligen Geiste leben können. Kein Schmerz, kein Geschrei, keine Sorge und kein Tod wird jemals wieder ein Menschenherz mit Leid und Traurigkeit erfüllen. Und Gott in seinem Leben spendenden, milden und selig machenden Licht wird alles erfüllen, mit köstlichster Harmonie allumfassender, durchdringender Vollkommenheit.
Dann werden die Menschen wissen, was es heißt, zu leben. Sie werden erleben, was es bedeutet hat, die richtige Entscheidung getroffen zu haben.
Die richtige Entscheidung in einem Leben, das so oft durch den Nebel so vieler unbeantworteter Fragen und verzehrender Zweifel verschleiert und bedeckt war.

Welch eine Weise......

(Gedanken über die heutige Zeit)

Welch eine Weise hörst du, o Erde,
wenn schmutzige Fluten gurgelnd das weite Land
überspülen?
Riesige Feuerwalzen die Flora verzehren und
Lebensraum für die Tierwelt und die Menschheit
vernichten?

Welch eine Weise hörst du, o Erde,
wenn blubbernde Schlammlawinen überraschend
Häuser begraben
und kochende Lava sich übergebend aus den
Vulkanschloten erbricht, die brennend und sengend
alles Leben auslöscht?

Welch eine Weise hörst du, o Erde,
wenn Orkanböen fauchend und explodierend Bäume
knicken, Häuser umwehen und Autos durch die Luft
wirbeln?

Welch eine Weise singst du, o Erde,
wenn Angst und Verzweiflung die Menschenherzen
erfüllen und Menschen ihr Leben verlieren, so es
anderen danach gelüstet?

Welch eine Weise singst du, o Erde,
wenn mit Macht genommen wird, was durch Liebe
und Zärtlichkeit ein Menschenherz erfreuen soll?
Wenn Ernten vernichtet, Hunger und Durst die Körper
ausmergeln, und Krieg mit apokalyptischen Schrecken
die Landschaft zerstört?

Welch eine Weise singst du, o Erde,
wenn Menschen den anderen ermorden, weil er eine
andere Hautfarbe, einen anderen Glauben, eine andere
Empfindungsweise sein eigen nennt?

Welch eine Weise spielst du, o Erde,
wenn Menschen aus ihrer Heimat vertrieben und nicht
mehr geduldet werden, und Lüge und Betrug die
Menschenherzen erfassen und an der Tagesordnung
sind?

Welch eine Weise spielst du, o Erde,
wenn Menschen ohne Glauben, ohne Liebe und ohne
Hoffnung aufwachsen?
Wenn das Böse durch die Seelen kriecht und
Zentimeter für Zentimeter die Herzen durch sein
diabolisches Treiben erobert?

Welch eine Weise spielst du, o Erde,
wenn Finsternis und Ohnmacht die Menschen erfassen
und kaum eine Möglichkeit der Veränderung mehr
gegeben ist?

Dann ist es Zeit, dass sich der Himmel öffnet und die
Allmacht Gottes den Menschenkindern zu Hilfe eilt.

Dann ist es Zeit, dass das sanfte Säuseln des ewigen
Friedens die Menschen wieder erreicht.

Dann ist es Zeit, dass ein starker Glaube, eine tiefe
erleuchtende, wohltuende Liebe und eine lebendige
Hoffnung sich der Menschenherzen bemächtigt.
Denn niemand kann sagen, dass die Weise, die wir
jetzt auf dieser Erde hören, die viele mitsingen und
zur Vernichtung des Lebens aufspielen,
Glück und Harmonie, Frieden und Freundlichkeit,
Geduld und Sanftmut erschaffen.

Sie ist die Melodie satanischer Gewalt, diabolischen Vergnügens und apokalyptischen Treibens - die als Text die Vernichtung der Menschen, Auslöschen alles göttlichen, guten Lebens zum Inhalt hat.

Doch wird ein neues Geschlecht wie ein Phoenix aus der Asche aufsteigen.
Es wird die Hoffnung jubilieren, die alles übertreffende Kraft Gottes siegen,
wenn der König aller Könige, der Regent aller Regenten - Jesus Christus - die Macht der Finsternis vertrieben hat und sein Reich des Friedens aufrichtet. Unterstützt wird er durch die vielen aus den Geschlechtern der Erde, wie es in der Offenbarung, dem Buch der Bücher geschrieben steht:

"Und sie werden Könige und Priester sein und mit ihm regieren tausend Jahre!"

(Offenbarung 20,6)

Das ist die neue Zeit, die dann anbrechen wird. Dann werden sich freuen die Geschlechter auf Erden. Sie werden frohlocken und jauchzen. Sie werden danken und anbeten - den, der ihnen diesen wunderbaren Zustand bereitet hat. Lasst uns ringen und trachten, zu ihnen zu zählen.

23. Oktober 2000